WIESBADEN
RHEIN-TAUNUS
RHEINGAU

Susanne Kronenberg

┃NATURPARK RHEIN-TAUNUS

⓫ **– WINZER-TIPP**

Ein Ort, an dem man einen ganzen Tag verbringen möchte – oder für eine Viertelstunde innehalten: Lieblingsplätze sind etwas sehr Persönliches. 66 Orte, die das Zeug zu einem Lieblingsplatz haben, stellt dieses Buch vor. Wobei sich den Klassikern weniger populäre Orte zugesellen. Eine subjektive Auswahl? Sicherlich! Und keinesfalls vollständig. Weswegen dieses Buch eine Einladung ist, nicht nur die genannten ›66 Lieblingsplätze und 11 Winzer‹ zu besuchen. Sondern auch, während der Erkundungsfahrten eigene Entdeckungen zu machen. In diesem reichhaltigen Schatz an Sehenswertem, mit dem Wiesbaden als traditionsreiche Kur- und Kulturstadt, der vielgestaltige Naturpark Rhein-Taunus und die Kulturlandschaft Rheingau aufwarten können.

HISTORISMUS, RIESLING UND WÄLDER BIS ZUM HORIZONT – DREI REGIONEN ZUM ENTDECKEN, ERLEBEN UND AUSSPANNEN

Wein, Wald und Wasser. Burgen, Schlösser und Klöster. Kunst und Kultur. Das sind die Themen, auf die immer wieder stößt, wer Wiesbaden und seine Nachbarn, den Naturpark Rhein-Taunus und den Rheingau, besucht. Oder zu den Glücklichen zählt, die hier leben. Natürlich dürfen in einem Kulturführer die Spitzenreiter der Ausflugsziele nicht fehlen. In Wiesbaden muss man neben dem Kurhaus (Seite 17) und Wiesbadener Museum (Seite 25) auf jeden Fall den Neroberg (Seite 67) gesehen haben. Hinauf geht es mit einer Museumsbahn, der Nerobergbahn (Seite 65). Nach dem Ausblick vom Pavillon (der sich auf dem Buchcover zeigt) steht ein Spaziergang zur Russischen Kirche (Seite 73) an. Ebenfalls sehenswert sind der Schiersteiner Hafen (Seite 49), das Schloss Freudenberg (Seite 53) und das frauen museum (Seite 39). Im Rhein-Taunus empfiehlt sich ein Besuch der ›Hexenstadt‹ Idstein (Seite 179), deren schmucke Altstadt einmal im Jahr von Jazzklängen (Seite 181) widerhallt. Im Rheingau gehören das Kloster Eberbach (Seite 101) und Schloss Johannisberg (Seite 125) zum unbedingten Muss. Wegen der historischen Gebäude und der außergewöhnlichen Lage. Aber auch, weil sich beide in die Reihe der bedeutendsten Weingüter einreihen. Womit wir beim zweiten Schwerpunkt des Buches angelangt sind. 11 Winzer nehmen uns mit in ihre Weinberge, gewähren einen Blick in die Weinkeller und lassen uns wissen, was die Einzigartigkeit ihres Weinguts ausmacht. Ob ein Keller voller Kunstobjekte (Seite 113) oder die Einladung zu einer Ziegenwanderung

(Seite 153). Die vorgestellten Winzer stehen stellvertretend für viele Berufskollegen, deren Weine den Rheingau berühmt gemacht haben und unter denen sich manch ein Geheimtipp ausmachen ließe.

Zu den Geheimtipps unter den Ausflugszielen gehören auch Lieblingsorte, die zu Fuß erobert sein wollen. Wie die Burg Nollig hoch über Lorch (Seite 151), zu der ein Wegstück des Rheinsteigs hinaufführt. Oder die Rotweinlaube (Seite 149) bei Assmannshausen (Seite 147), die uns einen grandiosen Ausblick auf das UNESCO-Welterbe Oberes Mittelrheintal schenkt. Ein zweites UNESCO-Welterbe stellt der Obergermanisch-Rätische Limes dar, den wir auf dem Limesrundweg (Seite 171) oder dem archäologischen Lehrpfad am Kastell Zugmantel (Seite 177) ein Stück begleiten. Neben diesen kürzeren Wanderstrecken kann man einen ganzen Tag lang unterwegs sein. Auf der Romantiktour (Seite 139) beispielsweise, auf der wir die Rheinromantik in vollen Zügen genießen. Oder in aller Abgeschiedenheit auf dem Wispertalsteig (Seite 157). Wer nicht allein wandern möchte, wählt sich in der Kisselmühle (Seite 103) einen ungewöhnlichen Vierbeiner als Begleiter. Die Lamas bereichern mit ihrem sanftmütigen Wesen jeden Familienausflug.

Neben den erlebnisreichen Touren und kulturellen Veranstaltungen darf das Genießen natürlich nicht zu kurz kommen. Ein Platz der Superlative bietet sich an der ›längsten Tafel der Welt‹ im Steinberg (Seite 111). Für Entspannung sorgen die Thermalquellen. Wie in der historischen Kaiser-Friedrich-Therme (Seite 33) in Wiesbaden. Oder in

Alle im Buch genannten Links finden Sie auf der Website der Autorin (www.susanne-kronenberg.de).

Tipp

den Bädern der geschichtsträchtigen Kurorte Schlangenbad (Seite 165) und Bad Schwalbach (Seite 167). Wer sich einfach nur ausruhen möchte, fährt mit dem Schiff auf die Rettbergsaue (Seite 47) oder besucht den Kasteler Strand (Seite 79). Ob erleben, genießen oder Neues erfahren: In Wiesbaden, Rhein-Taunus und Rheingau findet jeder seine ganz personlichen Lieblingsplätze.

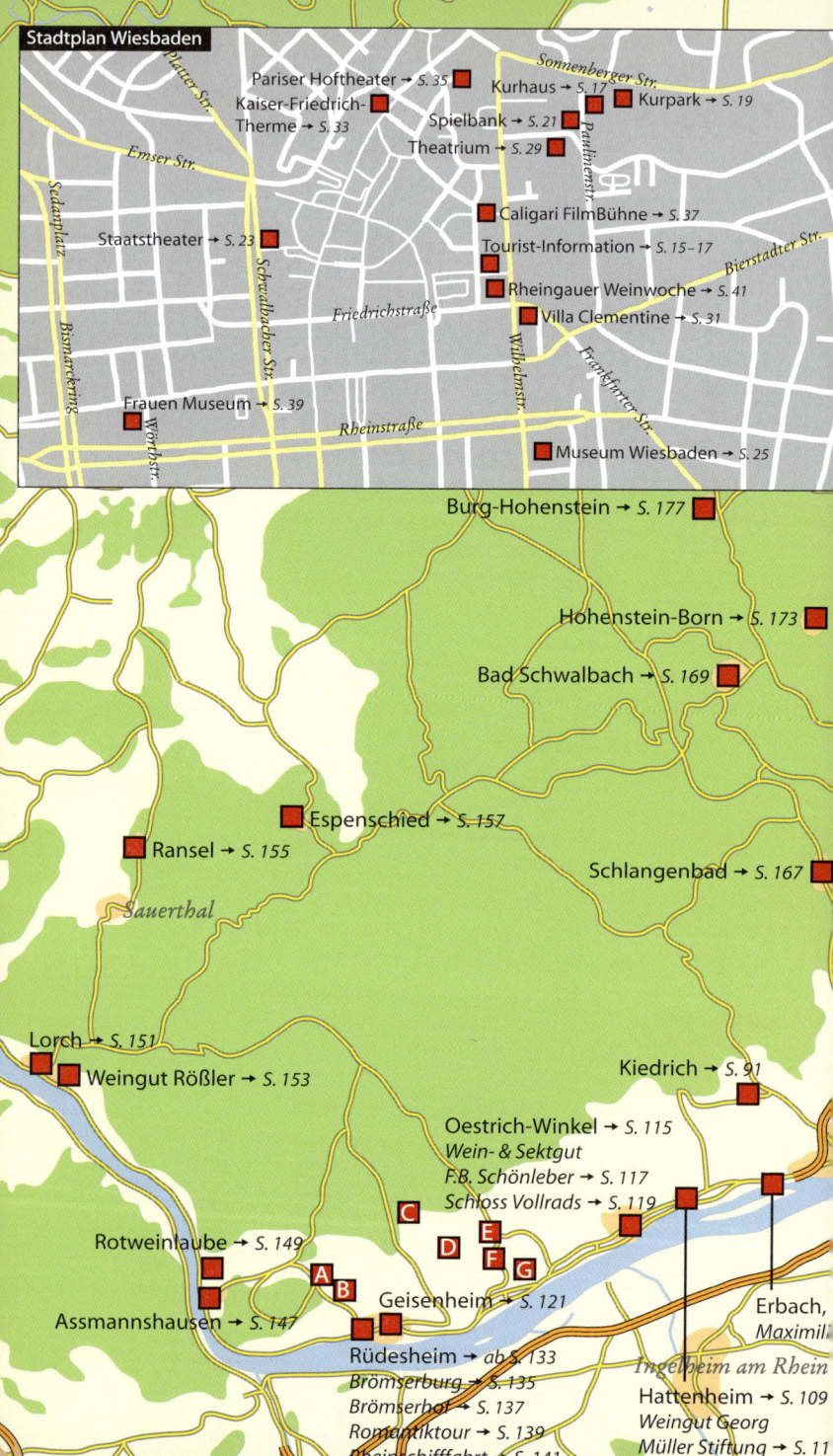

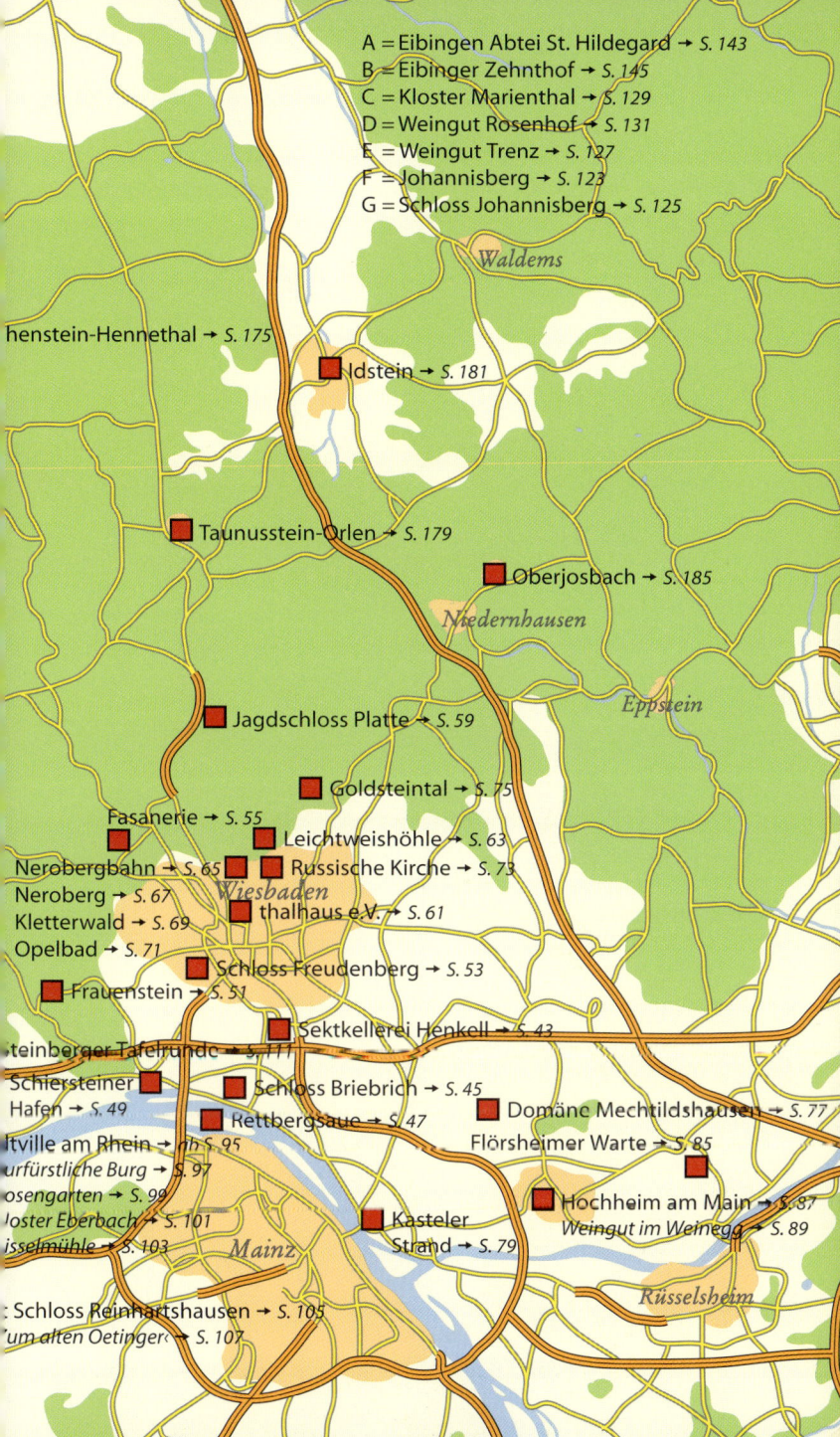

TOURIST-INFORMATION /// MARKTPLATZ 1 /// 65183 WIESBADEN ///
06 11 / 1 72 99 30 /// WWW.WIESBADEN.DE ///

Wiesbaden wurde auf heißen Quellen erbaut. Dort, wo einst römische Legionäre Entspannung und Erholung suchten, entwickelte sich über zwei Jahrtausende eine Stadt, die bis in die Gegenwart von ihrer Blütezeit als Bade- und Kurstadt im 19. Jahrhundert geprägt ist. Stolz nennt sie sich ›Stadt des Historismus‹. Baudenkmäler auf Schritt und Tritt begegnen dem Besucher im Dichter- und Rheingauviertel und im Feldherrenviertel. Kurhaus und Theater repräsentieren das mondäne Leben kaiserlicher Zeiten. In der hessischen Landeshauptstadt gibt es Außergewöhnliches zu entdecken.

LANDESHAUPTSTADT MIT RÖMISCHEN WURZELN

Ihren Ruf als Kur- und Badestadt verdankt Wiesbaden vermuteten 27 Thermalquellen. Aus dem Kochbrunnen sprudelt Wasser aus insgesamt 15 Quellen mit einer Temperatur von 68 °C. Roter Sinter, wie er als dicke Schicht den Brunnen überzieht, diente vor zwei Jahrtausenden modebewussten Römerinnen als Haarfärbemittel. Am Trinkbrunnen im Kochbrunnentempel kann probiert werden, was bis in unsere Zeit als Heilwasser gilt und bereits damals hoch geschätzt wurde.

> **Tipp**
>
> Eine unterhaltsame Rundtour durch die Stadt bietet eine Fahrt mit der **THERMINE**, Wiesbadens kleiner Stadtbahn (06 11 / 58 93 94 64, www.thermine.de).

Im Herzen der Stadt, auf dem Marktplatz und dem angrenzenden Dern'schen Gelände, haben der Wochenmarkt, die Rheingauer Weinwoche und der weihnachtliche Sternschnuppenmarkt ihre Standorte. Der Marktplatz wird umrahmt von der mit rotem Tonstein verkleideten Marktkirche und dem ehemaligen Stadtschloss der

WIESBADENS PARKANLAGEN REICHEN BIS IN DIE INNENSTADT HINEIN.

Herzöge von Nassau, in dem nun der Hessische Landtag residiert. Die Stadt wird im Neuen Rathaus verwaltet, das 1887 im Stil der deutschen Renaissance gebaut wurde und nach dem Zweiten Weltkrieg instand gesetzt werden musste. Mit wenigen Schritten erreicht man Wiesbadens Altstadt mit ihren zahlreichen Restaurants und Kneipen. Am heutigen Kochbrunnenplatz gründeten die Römer ihre Niederlassungen. Ein sichtbarer Zeuge aus der römischen Zeit ist die Heidenmauer mit dem Römertor, das als Fußgängerbrücke die Coulinstraße überspannt. Die Holzkonstruktion wurde 1902 auf den Relikten einer römischen Befestigung aus den Jahren 364 bis 375 errichtet. Das kleine römische Freilichtmuseum zu Füßen der Brücke zeigt Kopien von Steintafeln aus der frühen Besiedlung.

KURHAUS WIESBADEN /// KURHAUSPLATZ 1 /// 65189 WIESBADEN ///
06 11 / 1 72 92 90 /// WWW.KURHAUS-WIESBADEN ///

›Bowling Green‹ nennen die Wiesbadener die von Platanen ge-
säumte Rasenfläche, deren eine lange Seite von den Theater-
kolonnaden begrenzt wird. Gegenüber liegen die Brunnen-
kolonnaden, die mit 129 Metern längste Säulenhalle Europas.
Aus der Rasenmitte erheben sich zwei überschäumende Kas-
kadenbrunnen. Auf dem von sechs Säulen gestützten Portikus
des Wiesbadener Kurhauses prangt weit sichtbar die Aufschrift
›AQUIS MATTIACIS‹.

DEN QUELLEN DER MATTIAKER GEWIDMET

Ob über das ›Bowling Green‹ oder vom Kurpark aus: Der Eintritt in das
Foyer steht dem Besucher in der Regel von beiden Seiten offen. Die Blicke
wandern in alle Richtungen, während man über das schwarz-weiße Fuß-
bodenmosaik schlendert, mit dem Kopf im Nacken, hinauf in die 21 Meter
hohe Glaskuppel schaut und die Bedeutung der vier griechischen Götter-
statuen zu ergründen versucht, die
von ihren Sockeln auf die Besucher
herabschauen. Für die Erinnerung
an Wiesbadens römische Vergangenheit sind oberhalb der Statuen
vier runde Mosaike zuständig. Sie
stellen Begebenheiten aus der römischen Götterwelt dar. Um das Jahr

Wo verspielte **FJODOR DOSTOJEWSKI**
sein Vermögen? Ein ›Samstags-
Rundgang mit Highlight Spielbank‹ verrät mehr. Termine bei
der Tourist-Information (Marktplatz 1, Tel. 06 11 / 1 72 99 30).

Tipp

1900 stand Wiesbaden ganz im Zeichen der Badekultur. Was Rang und
Namen hatte, reiste nach Wiesbaden. Das ursprüngliche Kurgebäude – ein
klassizistischer Kursaal von Christian von Zais – sollte einem größeren
Haus weichen, was viele Bürger bedauerten. Sogar der für den Neubau
beauftragte Architekt Friedrich von
Tiersch äußerte sich darüber betrof-
fen. Und doch: 1907 wird das neue
Kurhaus eröffnet. Die Wandelhalle
gibt uns einen Vorgeschmack auf die

**IN DER ADVENTSZEIT RECKT SICH
EINE PYRAMIDE AUS BLÜHENDEN
WEIHNACHTSSTERNEN WEIT HIN-
AUF IN DIE FOYERKUPPEL.**

prunkvolle Ausstattung der zehn Säle, in denen Kulturveranstaltungen
und Konzerte stattfinden und die zum Teil im Rahmen einer Stadtführung zu besichtigen sind. Der Weg in die berühmte Wiesbadener Spielbank führt ebenfalls durch das Foyer. Die Bezeichnung ›Bowling Green‹
soll übrigens auf englische Kurgäste zurückgehen, die damals gern und
in größerer Anzahl in Wiesbaden Erholung suchten. Ob sie sich vor dem
Kurhaus tatsächlich mit dem Bowlsport vergnügten, ist nicht überliefert.

Der Romanheld findet keinen Sinn für die Schönheiten der Natur, sobald ihn die Spielsucht ins Kasino treibt, schreibt der Dichter, der selbst nicht vom Glücksspiel lassen kann. In Wiesbaden riskiert er sein gesamtes Vermögen. ›Der Spieler‹, 1866 erschienen, besitzt einen autobiografischen Hintergrund. Bis heute ist nicht eindeutig geklärt, ob ›Roulettenburg‹ für Wiesbaden oder vielleicht doch für Bad Homburg steht. Ob Fjodor Dostojewski Muße für den Wiesbadener Kurpark hatte? Dort erinnert eine Büste an den bedeutenden russischen Schriftsteller.

BEGEGNUNG MIT FJODOR DOSTOJEWSKI

Es birgt eine gewisse Ironie in sich, dass der russische Bildhauer Gabriel Glikam dem Wiesbadener Spielcasino zum 225jährigen Bestehen ausgerechnet eine Büste jenes Mannes zum Geschenk machte, der hier 1871 alles verlor und sich anstatt warmer Mahlzeiten nur heißen Tee leisten konnte. Die Not trieb den russischen Dichter Fjodor Dostojewski, einen der bedeutendsten Schriftsteller des 19. Jahrhunderts, schließlich hinauf zur Russischen Kirche auf den Neroberg. Mit priesterlichem Beistand entschloss er sich, der Spielsucht die Stirn zu bieten. ›Jetzt ist es zu Ende, dies ist das allerletzte Mal gewesen, glaubst du, dass meine Hände jetzt frei sind?‹, soll er seiner Frau geschrieben haben. Und er hielt Wort. Sein Abbild befindet sich seit 1996 im Kurpark: Auf dem ›Nizza-Plätzchen‹, hinter dem jene Säulen aufragen, die einst das klassizistische Kurhaus stützten, das dem Bau des jetzigen Gebäudes im Jahr 1907 weichen musste. Nach dem Vorbild englischer Landschaftsgärten wurde der Kurpark 1852 angelegt. Ein Spaziergang bietet erholsame Ruhe zwischen viel Grün, alten Bäumen und dem Plätschern des Bachlaufs, der in den Kurparkteich mündet. In die Stille mischt sich bisweilen lautstarkes Krächzen. Hin und wieder flattert ein Schwarm Großsittiche vorüber, die sich hier vor Jahrzehnten angesiedelt haben. Was wohl Dostojewski mit ihnen angefangen hätte, wären die exotischen Vögel schon 100 Jahre früher im Kurpark heimisch gewesen? Vielleicht hätte sich ›der Spieler‹ zu einem Blick nach oben verlocken lassen und seinen Drang ins Casino für einen Moment vergessen.

> **Tipp**
>
> Der **KURPARK** beginnt hinter dem Kurhaus. Dem umzäunten Areal fügt sich als schmales grünes Band das Rambachtal an. Hier kann man bis nach Sonnenberg und weiter spazieren.

AM KURPARKWEIHER LIEGT EIN BIERGARTEN, VON DEM AUS MAN DIE FONTÄNE UND DIE TRETBOOT-FAHRER BEOBACHTEN KANN.

SPIELBANK WIESBADEN GMBH & CO. KG /// KURHAUSPLATZ 1 ///
65189 WIESBADEN /// 06 11 / 53 61 00 ///
WWW.CASINO-WIESBADEN.DE ///

Gedämpfte Schritte auf dem Teppichflor, gemurmelte Platzierungswünsche und das Klacken der Jetons auf den Roulettetischen und in den Händen der Spieler: Es herrscht eine Art entspannte Arbeitsatmosphäre, die den Gast der Wiesbadener Spielbank umfängt. Was das Eintreten auch für jene Besucher reizvoll macht, die keine Spielernaturen sind. Die lieber den anderen beim Setzen zusehen, dabei die neoklassizistische Innenarchitektur bestaunen – und sich vielleicht doch noch, wie einst der Dichter Dostojewski, zum Spielen verlocken lassen.

NERVENKITZEL UNTER KRONLEUCHTERN

Fjodor Dostojewski war das Glück im Spiel nicht gewogen. Allerdings, dem Schicksal des russischen Dichters gilt es nicht nachzueifern. Im Wiesbadener Casino muss niemand große Summen wagen – obwohl hier deutschlandweit die höchsten Einsätze riskiert werden dürfen. Für ein kleines Eintrittsgeld ist man, sofern das Erscheinungsbild der Herren der Kleiderordnung entspricht, eingeladen in die elegante Welt des Glücksspiels, das seit 1985 im ehemaligen Weinsaal des Kurhauses

> **Tipp**
>
> An den Freitag- und Samstagabenden bietet die **WIESBADENER SPIELBANK** am Roulettetisch ›Schnupperkurse‹ an.

beherbergt ist. Man trägt Jackett und dazu – mit Ausnahme hochsommerlicher Wetterlagen – Krawatte oder Fliege. (Legerer geht es nebenan in den Kolonnaden zu, dem ›Kleinen Las Vegas‹ mit allen seinen Facetten des Automatenspiels.) »Rien ne va plus?« Das war einmal. »Wer versteht heute noch Französisch?«, sinniert der Croupier nicht ohne Wehmut. Längst zucken er und seine Kollegen nicht mehr zusammen, wenn die

WIE IN EINER PARISER BRASSERIE FÜHLT SICH DER GAST GLEICH NEBENAN IN KÄFER'S BISTRO (TEL. 06 11 / 53 62 00).

Gäste statt der ›Jetons‹ die ›Chips‹ zum Einsatz anreichen. »Nichts geht mehr!«, verkündet die elektronische Stimme, sobald die Drehscheibe an Touren verliert und sich die Kugel den schicksalhaften Weg zur Zahl sucht. Spannend bleibt es allemal, wenn sich die Spieler – je nach persönlicher Vorliebe – im französischen oder amerikanischen Roulette, im Roulite oder Black Jack versuchen oder zu Pokerrunden zusammenfinden. Ob Dostojewski mit den Karten mehr Glück gehabt hätte als im Spiel mit der Kugel? Im Eingangsbereich erinnert ein Museumsstück an damalige Chancen: Der originale Roulettekessel, der im Jahr 1865 des Dichters Verhängnis wurde.

HESSISCHES STAATSTHEATER WIESBADEN /// CHRISTIAN-ZAIS-STRASSE 3 ///
65189 WIESBADEN /// 06 11 / 13 23 25 ///
WWW.STAATSTHEATER-WIESBADEN.DE ///

Um ein Haar stünde das Hessische Staatstheater nahe der Marktkirche auf dem Dern'schen Gelände. Um den Standort wurde heftig gestritten, bis sich Kaiser Wilhelm II., zum Stolz der Bürger ein treuer Gast der Kurstadt, höchstpersönlich einmischte. Mit kaiserlichem Einsatz gelangte das Staatstheater in die Nachbarschaft des Kurhauses. Der Kaiser nahm teil an der feierlichen Eröffnung des ›Hoftheaters‹ im Oktober 1894.

TRADITION UND MODERNE UNTER HISTORISCHEM DACH

Der hohe Gast soll sich mit der Bemerkung, dass man »so etwas in Berlin nicht habe«, beeindruckt von der ausgefeilten Bühnentechnik gezeigt haben. Am pompösen Foyer durfte er sich zur Einweihung noch nicht erfreuen. Der neobarocke Bau, dessen üppige Ausstattung uns heute staunen lässt, wurde erst acht Jahre später vom Wiesbadener Stadtbaurat Felix Genzmer erbaut und war auf die damalige gesellschaftliche Hierarchie ausgerichtet. Während die Besucher aus Parkett und erstem Rang einen unmittelbaren Zugang hatten, konnte man aus dem zweiten Rang nur einen Blick auf die illustre Gästeschar erhaschen. Wer sich mit dem dritten Rang bescheiden musste, dem blieb jeder Einblick verwehrt. Heute steht das Foyer in der Pause allen Besuchern offen. Denen des Großen Hauses wie auch denen des Kleinen Hauses, dessen sachliche Ausgestaltung einen Kontrast zum prunkvollen Großen Haus darstellt. Als dritte Bühne steht das Studio zur Verfügung, so dass drei Aufführungen gleichzeitig stattfinden können. Dazu kommt die Wartburg in der Schwalbacher Straße. Alles in allem beste Bedingungen für ein Theater mit einer über hundertjährigen Geschichte. Eines allerdings, das anfangs für Kritik und Spott sorgte, kann noch heute zur Verwirrung führen. Der hohe Säulengiebel mit Auffahrt, der das Gebäude auf der Seite zum Warmen Damm schmückt, dient nur dem Transport der Dekorationen. Der bescheidene Besuchereingang versteckt sich in den Kolonnaden. Was Wilhelm II. nicht zu kümmern brauchte. Majestät verfügte über eine höchsteigene Zufahrt.

> **Tipp**
>
> Die Internationalen Maifestspiele bieten jedes Jahr eine **FÜLLE HOCHKARÄTIGER AUFFÜHRUNGEN** und locken Künstler und Zuschauer aus dem In- und Ausland in die hessische Landeshauptstadt (www.maifestspiele.de).

> **BEREITS IM JAHR 1896 WURDEN IM LIEBLINGSTHEATER DES KAISERS WILHELM II. DIE ERSTEN MAIFESTSPIELE AUFGEFÜHRT.**

MUSEUM WIESBADEN /// **FRIEDRICH-EBERT-ALLEE 2** /// **65185 WIESBADEN** ///
06 11 / 3 35 22 50 /// **WWW.MUSEUM-WIESBADEN.DE** ///

Eine Ausstellung eigener Werke führte Alexej von Jawlensky 1921 nach Wiesbaden. Umgehend fühlte sich der russische Maler von den Bürgern herzlich aufgenommen und blieb in der Stadt bis zu seinem Tod 1941. Dass das Museum Wiesbaden derzeitig eine der weltweit bedeutendsten Sammlungen des berühmten Expressionisten besitzt, ist der Weitsicht des Museumsdirektors Clemens Weiler zu verdanken, der sich in den 50er- und 60er-Jahren des 20. Jahrhunderts um den Aufbau bemühte. Die Jawlensky-Ausstellung bildet einen Schwerpunkt des Museums.

ERBE DER VERGANGENHEIT UND DIE MODERNE

Das Wiesbadener Museum überrascht durch Gegensätze. Das dreiflügelige klassizistische Gebäude, erbaut in den Jahren 1913 bis 1920, zeigt sich in seinem Inneren in heller Freundlichkeit und mit in Weiß gehaltenen Innenwänden, die den Kunstobjekten den notwendigen Freiraum erlauben. Es ist nicht zu übersehen: In den vergangenen Jahren wurden dem Haus mehrere Verjüngungskuren gegönnt. ›Neubau im Altbau‹ hieß das Leitmotiv der Architekten. Kontraste zeichnen auch die Kunstsammlung aus, deren Spanne die Zeit vom 16. Jahrhundert bis heute umfasst. Neben der Jawlensky-Sammlung und den Gemälden weiterer Expressionisten wie Paula Modersohn-Becker, Emil Nolde und Max Beckmann hat sich das Wiesbadener Museum mit dem ›Aufbruch der Zweiten Moderne‹ der Kunst nach 1960 verschrieben. Zugegeben, ein Teil der bisweilen ausladend dimensionierten Exponate, deren Schöpfer oftmals documenta-Teilnehmer waren, erschließt

Tipp

Mehr über **KUNST** lernen: Das Museum Wiesbaden bietet, auch in Zusammenarbeit mit anderen Organisationen, eine Reihe von Vorträgen, Lesungen, Filmabenden, Konzerten, Kunstreisen sowie Sonderführungen für Senioren.

DAS ›CAFÉ JAWLENSKY‹ IST AUCH FÜR NICHT-MUSEUMS-BESUCHER ZUGÄNGLICH.

sich dem interessierten Laien nicht auf Anhieb. Viele Fragen tun sich auf. Was jedoch wäre eine Kunstausstellung ohne dieses verwunderte Staunen einem Objekt gegenüber, das dem Betrachter Rätsel aufgibt? Aufschluss über Werke und Künstler gewährt eine Führung unter fachwissenschaftlicher Leitung. Antworten auf Fragen ganz anderen Inhalts bietet die Naturwissenschaftliche Sammlung, deren Grundstock zu Anfang des 19. Jahrhunderts gelegt wurde. Nach einer grundlegenden Sanierung zeigt sich die Naturwissenschaftliche Sammlung im Jahr 2011 in neuem Glanz und mit einem zeitgemäßen Konzept.

Im Mai wird Wiesbaden zur Bühne: Mit täglichen Vorstellungen in fünf Spielstätten lassen Künstler und Künstlerinnen aus aller Welt die ›Internationalen Maifestspiele‹ zu einem vielsprachigen Ereignis werden. Ensembles aus Oper, Theater, Ballett und Schauspiel treten in der hessischen Landeshauptstadt auf. Nach dem Ausklingen der Festspiele müssen sich die Liebhaber der klassischen Musik nicht lange gedulden. Von Ende Juni bis Ende August stehen Wiesbaden und der Rheingau im Zeichen des ›Rheingau Musik Festivals‹. Pünktlich zur Weinlese im September geht es weiter mit einem außergewöhnlichen ›Lese-Ereignis‹. Beim ›Rheingau Literatur Festival‹ stellen Autoren ihre Werke einem größeren Publikum sowohl in Kelterhallen und Weingütern als auch in Klöstern und Schlössern vor.

KULTURGENUSS VON MAI BIS SEPTEMBER

Als ›Kaiserfestspiele‹ fanden die ersten Maifestspiele im Mai 1896 statt. Was Richard Wagner und Bayreuth auf die Bühne bringen, das können wir auch, scheinen sich die Wiesbadener vorgenommen zu haben und begründeten die zweitältesten Festspiele Deutschlands. Man war bestens vorbereitet für ein so anspruchsvolles Ereignis. Zwei Jahre zuvor war das neue ›Hoftheater‹ im Beisein Wilhelms II. eröffnet worden. In seiner Funktion als preußisches Staatstheater, das zudem als das Lieblingstheater des Kaisers galt, verfügte das Wiesbadener Theater über beste Beziehungen zu Berlin und wusste den wilhelminischen Glanz zu nutzen, den der hauptstädtische Adel in die Stadt mitbrachte. Wiesbaden galt als Sprungbrett für die große Karriere. Doch nicht jeden Künstler zog es an die Häuser in Berlin, Dresden und München. Manch einer blieb gern in der wachsenden Wohnstadt Wiesbaden. Mit dem Ausbruch des Ersten Weltkriegs 1914 war es vorbei mit den ›Kaiserfestspielen‹. Auch in den Nachkriegsjahren, während des Zweiten Weltkriegs und bis Ende der 1940er-Jahre ruhten die Festspiele. Mit dem Neubeginn 1950 wurden die ›Internationalen Maifestspiele‹ konzipiert. Man wollte sich bewusst aus der ›Nationalkultur‹ lösen. Die Öffnung zum Ausland erhielt ein ebenso großes Gewicht wie die Absicht, neben den Klassikern auch in Deutschland weitgehend unbekannte Stücke zu zeigen. In den glanzvollen 1970er- bis 1980er-Jahren durften die Veranstalter finanziell aus dem Vollen schöpfen. Heute begegnet man den Zwängen der begrenzten Mittel mit dem Leitspruch: ›Qualität statt Quantität‹.

Das ›Rheingau Musik Festival‹ bildet den zweiten kulturellen Höhepunkt des Jahres und führt die Besucher in ungewöhnliche Konzertsäle
wie in die Basilika des Klosters Eberbach, auf kleine Weingüter und in
Rheingauer Dorfkirchen. Das sommerliche Musikerlebnis verwöhnt mit
rund 150 Konzerten hochkarätiger Musiker. Ein vielseitiges Programm,
in dem Klassik und Jazz zueinanderfinden und selbst das Kabarett nicht
außen vor bleibt. Für die Festivalbesucher von übermorgen gibt es ein
Kinderprogramm. Kein Wunder bei diesem Angebot, dass sich, wer als
Zuschauer dabei sein möchte, beim Vorverkauf sputen muss – ungeachtet
des Kontingents von über 100.000 Karten. Ist das Konzert, wie so oft,
ausverkauft, rät ein erfahrener Festivalgast, es direkt an der Abendkasse
zu probieren. Der Versuch könne sich lohnen! Verdanken dürfen Musik-
freunde aus aller Welt diesen Kulturgenuss einer privaten Initiative. Bis
heute werden die Konzerte weitgehend frei von staatlichen Zuschüssen
auf privatwirtschaftlicher Basis und mit der Unterstützung von Sponsoren
veranstaltet. 1987 gründete Michael Herrmann, der Festivalintendant, mit
weiteren Musikbegeisterten in Rüdesheim den Verein ›Rheingau Musik
Festival e. V.‹. Nachdem der Verein
über Jahre selbst Veranstalter war, Aktuelle Programme und Informa-
setzt er sich heute als Förderverein tionen unter www.maifestspiele.de,
für das Musikfest ein. Und nicht www.rheingau-musik-festival.de
nur das: Seit 1993 ergänzt zudem und www.rheingau-literatur-fes
das ›Rheingau Literatur Festival‹ die tival.de.
kulturelle Szene, die mit der Verga-

Tipp

be des ›Rheingau Literaturpreises‹ gekrönt wird. Zum Geldpreis erhält der
Preisträger 111 Flaschen Riesling obenauf! Die doppeldeutige ›WeinLese‹
mit einer feinen, kleinen Veranstaltungsreihe möchte den Genuss von Literatur und Wein verknüpfen. Ein Anliegen, das sich wohl nirgendwo an-
genehmer verwirklichen ließe als im Rheingau.

AQUIS MATTIACIS

KURHAUS WIESBADEN GMBH /// KURHAUSPLATZ 1 /// 65189 WIESBADEN ///
06 11 / 1 72 92 85 /// WWW.KURHAUS-WIESBADEN.DE ///

Die ›Rue‹ im Ausnahmezustand: Seit 1978 lockt das Theatrium in jedem Frühjahr Tausende von Besuchern auf die Wilhelmstraße, den Warmen Damm und das ›Bowling Green‹ vor dem Kurhaus. Was vor Jahrzehnten begann, ist heute ein fester Termin im Jahresablauf der feierfreudigen Wiesbadener. Keine Frage, dass das Wilhelmstraßenfest auch unzählige Besucher von nah und fern in seinen Bann zieht. Das mehrtägige Spektakel entlang der ›Rue‹ besticht durch sein besonderes Flair. Und dank eines Angebots, das seinesgleichen sucht.

GLANZ UND GLAMOUR AUF DER RUE

›Theater‹ und ›Atrium‹ standen Pate, als das erste ›Theatrium‹ zur Wiedereröffnung des 1977 renovierten Staatstheaters ins Leben gerufen wurde. Wiesbadens prächtigste Straße – die ›Rue‹ – war Namensgeber für die schlichte Bezeichnung ›Wilhelmstraßenfest‹. Wiesbaden wäre nicht Wiesbaden, wenn nicht von Anfang an neben Bier und Bratwurst auch Champagner und Austern serviert worden wären. Seit den ersten Veranstaltungen hat sich die Palette der angebotenen Speisen ständig erweitert. Neben den Gaumenfreuden kommen Auge und Ohr nicht zu kurz. Vieles gibt es zu entdecken beim Schlendern über den Markt der Kunsthandwerker. Musiker aller Sparten geben ihr Bestes auf allen Bühnen des Festgeländes. Sympathisch, dass neben gestandenen Künstlern auch dem Nachwuchs ein Forum geboten wird. Musikschüler und Jugendgruppen der Tanzschulen erleben auf der Bühne vor dem Kurhaus ihre ersten Auftritte vor großem Publikum. Ein breites Spektrum, wie es für das

> **Tipp**
>
> Abwechslung ist das Motto der **THEATRIUM**-Macher, die sich immer Neues einfallen lassen. Für jede Generation: Spiel und Spaß für die Kinder, und auf den Bühnen neben Bewährtem Bands für einen jugendlichen Musikgeschmack.

> **MIT DEM THEATRIUM LÄUTET WIESBADEN DAS FRÜHJAHR EIN (TERMINE UND PROGRAMM UNTER WWW.WIESBADEN.DE).**

Wilhelmstraßenfest erwünscht ist. Vielleicht ist es gerade der Spagat zwischen Kultur und Kommerz, zwischen Hummer und Spießbraten, der das Theatrium so anziehend macht, dass abends bei gutem Wetter kaum ein Durchkommen ist. Dann herrscht Partystimmung auf der ›Rue‹! Wer es ruhiger liebt, macht sich besser am Nachmittag auf, bummelt entlang der Stände und lässt das bunte Bild auf sich wirken. Hier treffen Alt und Jung aufeinander, und so manch ein Besucher erinnert sich an vergangene Zeiten. Als das Theatrium ebenso jung war.

LITERATURHAUS VILLA CLEMENTINE /// FRANKFURTER STRASSE 1 ///
65189 WIESBADEN /// 06 11 / 3 08 63 65 ///
WWW.LITERATUR-IN-WIESBADEN.DE /// WWW.WIESBADEN.DE ///

Als wolle sie der Entscheidung ausweichen, ob sie sich der ›Rue‹ – der Wilhelmstraße – oder lieber der Grünanlage ›Warmer Damm‹ zuwenden solle, schmückt sich die Villa Clementine gleich mit zwei Hauptfassaden. Der Haupteingang allerdings liegt unscheinbar an der Frankfurter Straße. Bei näherer Bekanntschaft erweist sich auch die Vergangenheit des heutigen Literaturhauses als außergewöhnlich. Die Villa schrieb ein Stück Weltgeschichte.

WO DER PRINZ GERAUBT WURDE, LESEN AUTOREN

Ein Fabrikant aus Mainz erbaut die Villa von 1877 bis 1882 – in einer Zeit, in der die beeindruckende Anzahl jener historistischen Villen entsteht, die bis heute das bemerkenswerte Stadtbild Wiesbadens ausmachen. Der Adel und das Bürgertum lieben die Kurstadt. Die Bauherrin Clementine Mayer stirbt kurz nach Fertigstellung der Villa, und das repräsentative Haus steht damit Königin Natalie von Serbien offen. Die adlige Dame hat sich mit ihrem Sohn Alexander vor dem königlichen Gatten nach Wiesbaden geflüchtet. Ihr Versteck bleibt nicht geheim. Am 13. Juli 1888 wird das Haus von der deutschen Polizei und serbischem Militär umstellt und das Kind der Mutter entrissen. Der Prinz kehrt zum Vater zurück und macht sich später als Thronfolger keinen guten Namen. Die Mutter zieht sich in ein Kloster zurück. Die Episode bleibt als ›Wiesbadener Prinzenraub‹ in Erinnerung. Danach geht das Haus durch mehrere Hände und gerät in den in Beton vernarrten 1960er-Jahren sogar in Gefahr, abgerissen zu werden. 1978 erhält das Haus erneut größere Aufmerksamkeit. Der Hessische Rundfunk macht die Innenräume zum Schauplatz der Verfilmung von Thomas Manns ›Buddenbrooks‹. Heute ist die Literatur regelmäßig zu Gast. Dramatische Ereignisse entspringen inzwischen ausschließlich der schriftstellerischen Fantasie. Oder den Einfällen jener drei Krimiautoren, die der Einladung der Stadt folgen und jeweils im Mai für vier Wochen als Stipendiaten unter dem Dach der Villa Clementine wohnen und schreiben.

> **Tipp**
>
> Das **LITERATURHAUS VILLA CLEMENTINE** lädt regelmäßig zu Lesungen ein (Eingang Frankfurter Straße). Auch das Café im ersten Stock ist einen Besuch wert (außerhalb der Veranstaltungen nur tagsüber geöffnet, Tel. 06 11 / 7 23 84 65).

IN DEN ÜBERHOHEN RÄUMEN SPÜRT DER GAST DEM GROSSBÜRGERLICHEN LEBENSSTIL VERGANGENER EPOCHEN NACH.

Einem Thermalbad, das über den Grundmauern eines römischen Schwitzbades errichtet wurde, sei der Anspruch zugebilligt, Außergewöhnliches zu bieten. Ein Anspruch, den die Kaiser-Friedrich-Therme allemal erfüllt. Das Angebot für die Entspannung suchenden Gäste steht in der Tradition des antiken Vorbildes. Ergänzt von angenehmen Neuerungen wie einer tropischen Eisregenzone und Sauna-Variationen. Ein vielfältiges Wellness- und Verwöhnprogramm inmitten der anmutigen Architektur des Jugendstils.

NACH RÖMISCHEM VORBILD

Schon vor den Römern wussten die ganz frühen Wiesbadener die heißen Quellen zu nutzen. Als man in den 1950er-Jahren die von Bomben beschädigte Adlerquelle neu einfasste, stießen die Bauarbeiter in einer tieferen Bodenschicht auf Tierknochen und steinzeitliche Werkzeuge aus Feuerstein. Das 67 °C heiße Wasser der Adlerquelle speist – gemeinsam mit weiteren Thermalquellen – bis heute die Kaiser-Friedrich-Therme, die 1999 nach einer grundlegenden Renovierung wiedereröffnet wurde. Die Elemente des Jugendstils, der Fassaden und Innenräume prägt,

> **Tipp**
>
> Das Zentrum der Therme bildet das denkmalgeschützte **RÖMISCH-IRISCHE BAD** mit seinen von Mosaiken geschmückten Wänden und der historischen Schwimmhalle. (Zutritt ab 16 Jahre).

weisen auf die Bauzeit in den Jahren 1910 bis 1913 hin. Bevor mit dem Bau des städtischen Bade- und Kurmittelhauses begonnen werden konnte, musste die Stadt Wiesbaden die kleine und große Adlerquelle vom ehemaligen Hotel ›Zum Adler‹ erwerben, einem Badehaus mit längerer Geschichte. Das Kaiser-Friedrich-Bad

GERUHSAMES SCHWIMMEN UND WELLNESS-ANGEBOTE AUF 1.450 QUADRATMETERN.

schloss sich damit an die in Wiesbaden seit langem gepflegte Badekultur an. Bereits im 15. und 16. Jahrhundert gab es rund um den Kochbrunnen eine Reihe von Badehäusern, die Wiesbadens Ruf als Kurstadt in neuerer Zeit begründeten. An die römische Vergangenheit erinnern das ›Tepidarium‹ und ›Sudatorium‹ im Kaiser-Friedrich-Bad. Aber auch Russland und Finnland standen Pate für Dampfbad und Sauna. Zur Abkühlung lockt das historische Kaltwasserbecken, in dem sich der Gast, darauf sei an dieser Stelle hingewiesen, wie im Saunabereich bevorzugt textilfrei bewegen sollte. Wer einmal nicht im Wasser plantschen möchte: Wie wäre es mit einem Sandbad? Auch ein solches Verwöhnprogramm bietet die Kaiser-Friedrich-Therme.

Seit dem Herbst 2009 erstrahlt das ›Pariser Hoftheater‹ innen wie außen in neuem Glanz. So gelungen die Renovierung ist: Beinahe möchte man ihn vermissen, den Charme des Improvisierten und Vergänglichen, der das Haus bis dahin über 23 bewegte Jahre als Kleinkunstbühne begleitete. Was blieb, sind statt fester Reihen die um die Tische gruppierten Stühle und ein Programm, das die fehlende Beinfreiheit vergessen lässt. Bekannte und weniger bekannte Künstler zeigen Kleinkunst, die hier ganz groß ankommt.

GROSSE KUNST AUF KLEINER BÜHNE

Was tun, wenn das kulturelle Angebot vermissen lässt, was das Leben in einer Landeshauptstadt bereichern sollte: Politisches Kabarett, Kleinkunst, Musik und Theaterprojekte zu umstrittenen Themen? Selber machen statt rumjammern, lautete der Beschluss einer Gruppe engagierter Kulturbegeisterter, die sich 1986 mit dem verwegenen Plan zusammensetzten, ein eigenes Theater auf die Beine zu stellen. Ort der Zusammenkunft: Das Speisezimmer eines in die Jahre gekommenen ehemaligen Hotels, der sogenannte

> **Tipp**
>
> Das **RESTAURANT ›PARISER HOF‹** im Erdgeschoss setzt auf Schnörkellosigkeit und Qualität, was sich in der Ausstattung widerspiegelt. www.pariserhof.de

Spiegelsaal. Die sieben Gründungsmitglieder bewiesen von Anfang an ihr Gespür für packende Themen und beliebte Künstler. Dazu mit dem erforderlichen Organisationstalent bedacht, konnten sie das Kulturamt der Stadt überzeugen und auf dessen Unterstützung bauen. Der Gründungsort wurde zum Theater und erinnert bis heute mit seinem Namen an den

AUF DEM SPIELPLAN STEHEN ALLE SPARTEN DER KLEINKUNST VON KABARETT BIS COMEDY, ABER AUCH VERANSTALTUNGEN ZU POLITISCHEN THEMEN.

›Pariser Hof‹, das im Jahr 1832 als klassizistisches dreistöckiges Gebäude gebaute Hotel. Die Fassade wurde erst um 1900 zusätzlich mit Stuckverzierungen bereichert. In den 50er-Jahren des 20. Jahrhunderts war der Hotelbetrieb längst Geschichte. Der frühere ›Pariser Hof‹ diente bis in die 1970er-Jahre verschiedenen Buchverlagen als Sitz. Bei der Gründung des Theaters stand das Haus leer und bereit für neue Aufgaben. Von Anfang an ließ sich das Wiesbadener Publikum vom Spielplan begeistern. Viele heute berühmte Künstler und Fernsehleute ernteten ihre ersten Erfolge auf der Bühne des ›Pariser Hoftheaters‹. Und kommen nach wie vor gern wieder!

KLAUS MARIA BRANDAUER

REGIE István Szabó

MEPHISTO

Mephisto
Fr, 16.04., 20 Uhr

So, 18.4., 20 Uhr

›Immer deutlicher spürte man in letzter Zeit die Versuche denkender Filmregisseure, den Film in neue, weiterführende Wege zu leiten‹, schrieb ein Filmkritiker zur Premiere, und ein Kollege urteilte über dasselbe Werk: ›Sein wirklicher Wert liegt darin, dass mit ihm ein völlig neuer, und künstlerisch neuer, Entwicklungsabschnitt des Films erreicht ist.‹ Lobende Worte über ein expressionistisches Kunstwerk, das im Jahr 1920 Filmgeschichte schrieb. Und nach dem die Wiesbadener FilmBühne ihren Namen erhielt: ›Das Cabinet des Dr. Caligari‹.

NOSTALGIE IN DES DOKTORS CABINET

Kinofreunde und Filmbegeisterte können gar nicht daran vorbei: An der Caligari FilmBühne, kurz ›Caligari‹ genannt, die mit ihrem Namen nicht allein an ein filmisches Meisterwerk erinnert, sondern das Publikum mit cineastischen Kostbarkeiten verwöhnen möchte. Die Klassiker gehören ebenso zum Repertoire wie zeitgenössische Filme, unter anderem Werke viel versprechender Nachwuchs-Regisseure, die sich gemeinsam mit renommierten Filmemachern in einem der Filmfestivals verschiedener Genres vorstellen dürfen. Wie das ›Fernseh-Krimi-Festival‹, das ›Atlantis Natur und Umwelt Festival‹ oder ›GoEast‹, das mittel- und osteuropäische Filme ins Blickfeld der westlichen Öffentlichkeit rückt, und andere mehr. Und das alles in einem festlichen Erscheinungsbild, das dem Anspruch des Programms gerecht wird: Im denkmalgeschützten Haus ein Saal, dessen Stuckdecke in dynamischen Wellen über die rot beplüschten Sessel hinwegschwingt. Mit einem Stummfilmtheater fing es an. 1926 im Schatten der Marktkirche aufwändig und dem Zeitgeschmack entsprechend im neogotischen Stil gebaut: Das ›Ufa im Park‹. In der Nachkriegszeit zog der Stil der 50er-Jahre ein. Besagte Stuckdecke entstammt einer solchen Renovierung und fügt sich ansprechend in die ursprüngliche Gestaltung ein. Nach diesem Prinzip, die vorhandenen Elemente bestehen zu lassen, ließ die Stadt Wiesbaden das Kino 1990 instand setzen. Das Caligari fühlt sich eben nicht allein der Kunst im Film, sondern auch der Architektur verpflichtet, wie die Verleihung des Hessischen Denkmalschutzpreises beweist.

> **Tipp**
>
> Kunterbuntes Kinderkino: Zur Geburtstagsfeier mit allen Freunden ins **CALIGARI**! Oder wie wäre es mit einem Familien-Kinonachmittag am Wochenende?

IM STUMMFILMKLASSIKER LÄSST DER WAHNSINNIGE HYPNOTISEUR DR. CALIGARI SEIN MEDIUM CESARE MORDEN.

FRAUEN MUSEUM WIESBADEN /// WÖRTHSTRASSE 5 /// 65185 WIESBADEN ///
06 11 / 3 08 17 63 /// WWW.FRAUENMUSEUM-WIESBADEN.DE ///

Seit der Eröffnung im Jahr 1984 schlägt das frauen museum wiesbaden den Bogen zwischen Vergangenheit, Gegenwart und Zukunft in gesellschaftlichen wie in künstlerischen Themen, die Männer wie Frauen betreffen. Dabei stehen, anders als in ›herkömmlichen‹ Museen, die Leistungen der Frauen im Fokus. ›Ein Drittel unserer Besucher sind Männer, und sie sind sehr willkommen‹, versichert Agnes Maria Brügging-Lazar, Kuratorin und wissenschaftliche Mitarbeiterin, und nimmt einem Vorurteil den Wind aus den Segeln.

WEIBLICHE SPURENSUCHE

Hinter dem frauen museum wiesbaden steht eine private Initiative. 1982 schlossen sich in der Frauenbewegung engagierte Frauen zur ›frauenwerkstatt wiesbaden e.V‹ zusammen. Eva Schuster, bis heute ins Museum eingebunden, erinnert sich an die Anfänge: »Wir boten Kulturbildung und organisierten zum Beispiel Kurse für Mädchen und Frauen als Einstieg in den Beruf. Und die politische Situation war uns wichtig. Wir führten Workshops und Podiumsdiskussionen durch.« Die Frauen sahen sich in der Nachfolge jener Wiesbadener Bürgerinnen, die

> **Tipp**
>
> Neben den Ausstellungen präsentiert das **FRAUEN MUSEUM WIESBADEN** eine Reihe weiterer Veranstaltungen, Seminare, Stadtrundgänge und Projekte. Der Blick ins Programm lohnt sich!

ab 1850 um ihre Rechte gekämpft hatten, und widmeten diesen eine erste Ausstellung; damals noch in der Nerostraße. »Das Interesse war groß, und schnell zeigte sich, dass die Räume nicht ausreichten. Außerdem wollten wir Künstlerinnen die Möglichkeit zum Ausstellen bieten.« 1991

AUSSTELLUNGEN SIND AUCH AUSSERHALB DEUTSCHLANDS ZU SEHEN. EIN GROSSER TEIL DER GÄSTE KOMMT AUS DEM AUSLAND.

bezieht das frauen museum wiesbaden ein früheres Lagerhaus in der Wörthstraße 5. Es ist ein Zufall, dass die Hofeinfahrt in Blickrichtung der vier Frauenstatuen des benachbarten Baudenkmals Höppli-Haus liegt. Und zugleich ein Symbol, das nicht passender sein könnte für ein Museum, dessen dritter Schwerpunkt – neben der Frauenstadtgeschichte und Frauenkunst – in der weltweiten weiblichen Kulturgeschichte liegt. Diesem Thema gilt eine Dauerausstellung mit Frauen- und Göttinnenfiguren aus der Frühgeschichte bis heute. Ein in die Zukunft gerichtetes Projekt will junge Frauen für eine Ausbildung in Mathematik, Informatik, Naturwissenschaften und Technik, MINT-Berufe genannt, begeistern.

Wenn sich im August das Areal rund um das Rathaus für zehn Tage in die ›längste Weintheke der Welt‹ verwandelt, scheint die gesamte Stadt auf den Beinen zu sein. Auch von außerhalb strömen die Menschen herbei, um sich die Rheingauer Weine schmecken zu lassen. Wo sonst hätte der Weinfreund die Gelegenheit, zwischen Weinen und Sekten von rund 100 Winzern aus der Region zu wählen? Für Auge und Ohr wird außerdem etwas geboten.

GESELLIGKEIT IM HERZEN DER STADT

Seit 1976 gehört die ›Rheingauer Weinwoche‹ zur besten Wiesbadener Tradition. Zu früheren Zeiten in der Fußgängerzone angesiedelt, präsentieren sich die Winzer aus dem Rheingau und den Wiesbadener Vororten heute zwischen Hessischem Landtag und Neuem Rathaus und vor der Kulisse der backsteinroten Marktkirche. Das benachbarte Dern'sche Gelände bietet genügend Raum für weitere Stände. Traditionsgemäß beginnt der Weinausschank vormittags um elf Uhr. Beim Frühschoppen geht es ruhig zu. Gegen Nachmittag wird es lebhaft, und am Abend füllt sich der Raum zwischen den Buden mit Besuchern. An

Tipp

Wer sich von der hiesigen Prominenz bedienen lassen möchte, besucht den **STAND DES WIESBADENER KURIERS**. Dort wird im Schichtbetrieb für eine Spendenaktion ausgeschenkt.

Weinständen und Tischen treffen Weinfestneulinge auf alte Hasen und hören von begeisterten Weinfestbesuchern, die sich Urlaub nehmen, um die Weinwoche unbeschwert zu genießen. Auf den Bühnen rund um das Rathaus treten Livebands auf. Je nach Musikgeschmack lässt man sich in der Nähe nieder oder zieht eine Ecke weiter. Unter den angebotenen Weinen steht der Riesling im Vordergrund. Doch auch wer einen Grauburgunder, einen

AUSGESCHENKT WIRD VON 11 BIS 23 UHR, FREITAG UND SAMSTAG BIS 24 UHR. AUF DEN BÜHNEN GIBT ES BIS 22 UHR EIN LIVEPROGRAMM.

Chardonnay oder einen Rotwein aus dem Rheingau probieren möchte, kommt auf seine Kosten. Es muss nicht in jedem Glas ein Rheingauer sein. Die Winzer der Wiesbadener Partnerstädte scheuen die Konkurrenz nicht. Und wenn jemand gar keinen Wein mag? Weinmuffel zieht es zum Bierausschank – dem einzigen auf der Weinwoche. Für Autofahrer empfiehlt sich der Stand, an dem reines Wasser zum Durstlöschen zu haben ist. Eine willkommene kostenlose Erfrischung für zwischendurch.

HENKELL & CO. SEKTKELLEREI KG /// **BIEBRICHER ALLEE 142** ///
65187 WIESBADEN /// **06 11 / 6 30** /// **WWW.HENKELL.DE** ///

An die 12 Millionen Flaschen ›Henkell Trocken‹ werden pro Jahr unter das Volk gebracht. Aber aus welchen Rebsorten wird der Sekt hergestellt? Und worin unterscheiden sich trocken und brut? Ein Besuch in Biebrich wird dem interessierten Sektfreund weiterhelfen. Aber nicht nur das: Wer die berühmte Sektkellerei näher kennenlernen möchte, darf sich auf Superlative gefasst machen. Auf Henkellsfeld scheint alles um mehr als eine Nuance größer und prächtiger.

ÜBER SIEBEN STOCKWERKE IN DEN UNTERGRUND

Gleich zu Beginn die erste Überraschung. Das Gebäude, dessen Fassade mit geradliniger Eleganz besticht, empfängt den Besucher in einem prunkvollen Foyer. Marmor, wohin man blickt: Als Bodenplatten und Stützen ringsherum sowie auf den ausladenden Treppenaufgängen. Treppab schreitet der staunende Gast den Geheimnissen der sieben Kelleretagen entgegen – hoch über dem Kopf ein Portal im Stil des Neurokoko. 1928 wurde der Marmorsaal mit diesen Ausschmückungen versehen, deren verspielte Heiterkeit auf den Sektgenuss einstimmen sollte. Der Ursprung des Unternehmens liegt auf der anderen Rheinseite, in Mainz, wo Adam Henkell im Jahr 1832 eine Weinhandlung gründete und später eigenen ›Champagner‹ kelterte. Sein Enkel Otto Henkell erwarb das Grundstück in Biebrich,

> **Tipp**
>
> Eine **FÜHRUNG** ist ab 5 Personen möglich, evtl. kann man sich einer Gruppe anschließen (Montag bis Freitag, Anmeldung unter Tel. 0611/63209). Am Samstag vor Muttertag Besichtigung ohne Anmeldung.

DER MARMORSAAL DIENT JUNGEN KÜNSTLERN ALS BÜHNE.

einer damals eigenständigen Stadt, und beauftragte den jungen Architekten Paul Bonatz mit dem Bau der Sektkellerei, die 1909 fertiggestellt wurde. Das Vertrauen des Bauherrren in den zu der Zeit noch unbekannten Architekten sollte belohnt werden. Paul Bonatz schuf mit ›Henkellsfeld‹ das beeindruckende Beispiel eines neoklassizistischen Unternehmensgebäudes, das bis in unsere Zeit gute Bedingungen für eine zeitgemäße Produktion bietet. Der Erbauer Otto Henkell war in vielen Dingen seiner Zeit voraus. So erkannte er früh den Wert der Werbung und verpflichtete bekannte Künstler zur Gestaltung der Anzeigen. Er erfand den ›Pikkolo‹, und er wünschte sich ein offenes Haus für alle Liebhaber des prickelnden Getränks. Seit 1910 sind Besucher in der Kellerei willkommen.

Jährlich zu Pfingsten erwacht der Biebricher Schlosspark aus seiner Abgeschiedenheit. Die deutsche und europäische Reiterelite trifft sich über die Feiertage im Biebricher Schlosspark, der als einer der elegantesten Turnierplätze Deutschlands gilt. Im übrigen Jahr gehört die Grünanlage den erholungssuchenden Spaziergängern. Und den wilden Papageien, die sich hoch in den Baumkronen einen Lebensraum erobert haben.

WASSERGEMURMEL BEI DER RITTERBURG

Zwei grasgrüne Schatten streichen über die Wasserfläche, mucksmäuschenstill zuerst, um gleich darauf laut kreischend in einer Trauerweide zu landen. Der Teich, über den der Baum seine knorrigen Zweige beugt, wurde einst von Friedrich Ludwig von Sckell angelegt, dem bedeutendsten Gartenarchitekten seiner Zeit. Dahinter erhebt sich eine künstliche Ruine. 1.000 Meter beträgt die Blickachse bis zum barocken Schlossgebäude: Eine ausgedehnte Wiesenfläche, umrahmt von Laubbäumen und geschmückt von verträumten Wegen, Bächen und Baumgruppen. Die Moosburg, aufgesetzt auf die Grundmauern der Burg Pentzenau, bildete von vornherein den pittoresken Gegensatz zum Schloss. Zu einem Landschaftspark umgewandelt wurde der ursprüngliche Barockgarten im Jahr 1817. Friedrich Ludwig von Sckell gelang es auf wunderbare Weise, Baukunst und Natur in eine harmonische Beziehung zu setzen. Der Bauherr des Schlosses, Fürst Georg August, träumte von einem nassauischen Versailles am Rhein. Es dauerte bis 1711, bis dort, wo der Fürst 1698 zunächst ein ›herrschaftliches Lusthaus« für die Fürstengattin und wenige Jahre später einen Pavillon errichten ließ, der Grundstein für das prachtvolle Barockschloss gesetzt werden konnte. Auf eine Heizung legte der Bauherr keinen Wert. Das Schloss war als Sommerresidenz gedacht. Erst 50 Jahre alt, starb Georg August im Herbst 1721. Biebrich verdankt diesem Landesherren ein Bauwerk, dessen Proportionen den Besucher bis heute beeindrucken. Ob unmittelbar von der Rheinpromenade oder, mit der Moosburg im Rücken, aus der Ferne betrachtet.

> **Tipp**
>
> Das Restaurant ›Schloss Biebrich‹ in der **ROTUNDE DES SCHLOSSES** verfügt über eine großzügige Außenterrasse. Auf dem Spaziergang zum nahen Anleger lädt ein Eis-Café zur Rast ein.

GARTENKUNST IN BILD UND TEXT: DER ›SCKELL-PFAD‹ FÜHRT ÜBER ZWEI KILOMETER QUER DURCH DEN PARK.

MATTIAQUA /// EIGENBETRIEB FÜR QUELLEN, BÄDER, FREIZEIT ///
GUSTAV-STRESEMANN-RING 15 /// 65189 WIESBADEN ///
06 11 / 31 80 78 /// WWW.WIESBADEN.DE ///

Mit knatterndem Diesel schippert die ›Tamara‹ der Rettbergs-aue entgegen. Weit ist der Weg nicht: Keine zehn Minuten vom Schiffsanleger in Biebrich hinüber zum ersten Anleger ›Rettbergsaue Biebrich‹. Wir wollen die Bootstour entlang der Rheininsel etwas länger genießen und steigen am Haltepunkt ›Rettbergsaue Schierstein‹ aus. Und sind gleich mittendrin im Freizeitvergnügen für sehr Jung, Jung und Älter. Ein Stück Natur. In Sichtweite der Stadt und umschlossen von Wasser.

REIF FÜR DIE INSEL

Der gefährlich strömende Rhein ist Grund genug, das Baden auf der Rettbergsaue nach wie vor offiziell zu verbieten. Also sich besser mit dem Sonnenbad am Sandstrand begnügen. Zwei Freizeitareale hat die Rheininsel zu bieten: Die ›Rettbergsaue Biebrich‹ mit Spielflächen für Basketball, Volleyball, Federball, Tischtennis, Bodenschach, Freiluftkegelbahn, Kinderspielplatz und Bolzplatz. Am anderen Ende der Insel liegt der Bereich ›Rettbergsaue Schierstein‹ mit einem ähnlichen Angebot und zusätzlich einem Restaurant. Wer eigene Kost bevorzugt: Grillen darf man in beiden Arealen, sofern man das entsprechende Gerät – keinen Einweggrill – mitgebracht hat. Zur

> **Tipp**
>
> Die Nutzung des Freizeitgeländes **RETTBERGSAUE** ist kostenlos (je nach Wetter geöffnet ab April bis September). Per Schiff ab Schierstein oder Biebrich (www.tamara.rettbergsau.de). Oder zu Fuß (Schiersteiner Brücke).

Übernachtung steht ein (kostenpflichtiger) Campingplatz zur Verfügung, für den man sich mindestens drei Tage vorher anmelden sollte. Beim Zelten müssen Jugendliche von Erwachsenen begleitet werden. Beide Freizeitbereiche sind durch einen Fußweg von 800 Metern miteinander verbunden. Der Hauptteil der knapp drei Kilometer langen Insel – immerhin 90 Prozent der 68 Hektar großen Fläche –

WAS VIELE ELTERN SCHÄTZEN: ES GIBT KEINEN AUTOVERKEHR. ABER DER FAMILIENHUND MUSS ZU HAUSE BLEIBEN.

wird der Natur überlassen. Dennoch bleibt der Besuch der Rettbergsaue ein Naturerlebnis inmitten der Zivilisation. Der Verkehr zu Wasser, Luft und Straße ist überall und jederzeit präsent. Frachtkähne und Motorboote auf dem Rhein, hoch am Himmel die Flugzeuge von und nach Frankfurt sowie der Verkehrsstrom auf der Schiersteiner Brücke, die die Insel überquert. Alles sehr gegenwärtig – trotzdem gefühlt weit entfernt: Naturnahe Erholung im Grenzbereich zwischen den Großstädten Wiesbaden und Mainz.

VERKEHRSVEREIN WIESBADEN-SCHIERSTEIN E. V. /// POSTFACH 13 02 61 ///
65090 WIESBADEN /// 06 11 / 2 00 05 ///
WWW.VERKEHRSVEREIN-SCHIERSTEIN.DE ///

Glucksendes Wasser und Möwenschreie. Segelboote, die in sanften Wellen schaukeln. Wer im Sonnenschein entlang der Uferpromenade flaniert, darf sich ein wenig wie an der Riviera fühlen. Groß gefeiert wird jeden Sommer beim Schiersteiner Hafenfest. Drachenboot-Regatta und Stromschwimmen gehören zu den beliebten Attraktionen. Selbstverständlich kommen auch Essen und Trinken nicht zu kurz. Wein und Wasser finden in Wiesbadens mediterranem Stadtteil gern zueinander.

MEDITERRANE STIMMUNG IN ›SCHEERSTAA‹

Seit 1859 besitzt ›Scheerstaa‹, wie der Wiesbadener Stadtteil am Rhein mit einheimischem Zungenschlag liebevoll-bodenständig genannt wird, die eigene Hafenanlage. Ursprünglich für Flößer und Rheinfischer gebaut und in späteren Jahren von der Frachtschifffahrt genutzt, beherbergt der Hafen nun die Ruderboote, Motorboote und Segeljachten der Freizeitwassersportler. Die Zufahrt des schmalen Hafenbeckens wird vom dynamisch geschwungenen Bogen der Dyckerhoff-Brücke überspannt. Deren Stifter, das gleichnamige Zementwerk, übergab anlässlich des eigenen 100jährigen Jubiläums die Fußgängerbrücke im Jahr 1967 an die Stadt Wiesbaden. Seitdem kann

> **Tipp**
>
> Das Gelände des **WASSERWERKS** (Richtung Walluf) ist in den Sommermonaten ein Refugium der Weißstörche mit inzwischen gut zwei Dutzend Brutpaaren, seit 1975 ein erstes Paar brütete (www.schiersteinerstörche.de).

man den Hafen in einer guten Stunde zu Fuß umrunden. Am westlichen Ende der Rheinpromenade treffen wir auf die Jupiter-Gigantensäule. Die entgegen der Bezeichnung überraschend zierliche Statue ist eine Kopie des Originals, auf das Bauarbeiter im Sommer 1889 stießen, als sie nahe des Schiersteiner Bahnhofs einen Brunnenschacht ausgruben. Ein damals spektakulärer Fund aus Wiesbadens römischer Vergangenheit; zeugte die Säule doch von römischen

DIE EVANGELISCHE CHRISTOPHORUSKIRCHE, ERBAUT 1754, ZÄHLT ZU DEN SCHÖNSTEN KLEINEN ROKOKOKIRCHEN AM RHEIN.

Niederlassungen auch jenseits des Mainzer Ufers. In diesem Fall war es der römische Soldat und Gutsbesitzer Viccius Seneca, der seinen Besitz unter den Schutz des Gottes Jupiter gestellt hatte. Sein Jupiter wirkt eher germanisch als römisch; ungestüm wie Wotan führt er in Siegerpose sein zum Sprung ansetzendes Pferd. Das Datum steht in Stein gemeißelt: 28. Februar 221 n. Chr. Soll uns das mediterrane Flair des Hafenstädtchens bei dieser Vergangenheit wundern?

Man stelle sich einen Sommertag vor im Jahr 1815. Eine Gesellschaft unternimmt eine Ausfahrt ins Grüne: Zu Ehren des Gastes, eines älteren Herren, der zum zweiten Mal in Wiesbaden weilt. Mit dabei: Ein junges Mädchen, die 16jährige Philippine, deren Schönheit den Herrn von Goethe derart entzückt, dass er sich im Überschwang der Gefühle ein Wettrennen mit der jungen Dame liefert. Was ihm schlecht bekommt: Der Dichterfürst stolpert und bricht sich das Bein.

ANEKDOTEN UND SAGEN AUS DEM OBSTGARTEN

Ob wirklich wahr, ein wenig oder ganz erfunden: Wer wollte das bei einer hübschen Anekdote wie dieser kleinlich zur Debatte bringen? Die Frauensteiner jedenfalls nahmen Johann Wolfgang von Goethes 100. Todestag im Jahr 1932 zum Anlass, mit einem Denkmal an den verhängnisvollen Besuch des Dichterfürsten zu erinnern. Die 13,5 Meter hohe Pyramide nimmt Bezug auf Goethes Leitspruch: ›Diese Begierde, die Pyramide meines Daseins, deren Basis mir angegeben und gegründet ist, so hoch als möglich in die Luft zu spitzen, überwiegt alles andere.‹

> **Tipp**
> Zwei Beispiele für **FRAUENSTEINS** vielfältige Gastlichkeit: Der Hof Nürnberg (www.hof-nuernberg.de) mit beeindruckendem Ausblick sowie das Café Goethe (www.cafegoethe.de).

Folgt man den Wanderwegen, die wie der Rheinsteig zum Goethestein hinaufführen, bewegt man sich inmitten von Obstbaumwiesen, die einen Spaziergang zur Kirschblüte rund um das eng eingeschnittene Frauensteiner Tal zur Pflicht machen sollten. Frauensteins weiteres Wahrzeichen

DER ›SCHLANGENPFAD‹ IM LINDENBACHTAL GIBT AUSKUNFT ÜBER DIE SELTENE (UNGIFTIGE!) ÄSKULAPNATTER (SEITE 56).

ist der Burgturm, der geradezu aus dem Felsvorsprung herauszuwachsen scheint. Gegründet wurde die Burg ›Vrouwensteyn‹, von der nur der Bergfried erhalten blieb, vermutlich um das Jahr 1184. Vergessen wir nicht die ›Blutlinde‹ zu Füßen der Burg, die uns eine traurige Geschichte beschert hat. An dieser Stelle wurde einst ein junger Mann ›von den Geharnischten des Frauensteiner Burgherren‹ ergriffen. Er hatte die Nichte des Burgherren zu entführen versucht; die Tat eines Liebenden, die er nicht überleben sollte. 1.000 Jahre sind seither vergangen, lässt das Schild beim Lindenbaum verlauten. Danach setzte die trauernde Braut die heute ›1000-jährige Linde‹ als junges Bäumchen. In Gedenken an den bestraften Geliebten.

SCHLOSS FREUDENBERG /// FREUDENBERGSTRASSE ///
65201 WIESBADEN-DOTZHEIM /// 06 11 / 4 11 01 41 ///
WWW.SCHLOSSFREUDENBERG.DE ///

Nur dieses scheint gewiss im Schloss Freudenberg: Dass nichts den Erwartungen entsprechen wird. Die erste Überraschung betrifft das Gebäude selbst. Kein schick saniertes Schloss nimmt den Besucher in Empfang. Kein geliftet Star der Architektur. Stattdessen eine in Würde gealterte herrschaftliche Villa, die ihre Gäste zu sich und in den Garten einlädt. Wer dem Angebot folgt, sollte neben einer riesigen Lust am Entdecken vor allem eines mitbringen: Die Bereitschaft, sich auf neue Blickwinkel einzulassen.

ERLEBEN UND STAUNEN

Man sieht … nichts. Buchstäblich nicht die Hand vor Augen. Nichts als Schwärze ringsherum. Keine Nacht kann so dunkel sein. Die Hand tastet nach dem Barhocker, zieht ihn zögerlich näher heran. Eine freundliche Stimme irgendwo dort vorn in der Finsternis bietet ein Getränk an. Orange? Ananas? Kirsche? Das Geschmacksempfinden ist mit einem Mal trügerisch. Der – kurzfristige – Verlust eines Sinnes in der ›Dunkelbar‹, die von blinden Mitarbeitern geführt wird, gehört zu den beeindruckendsten Erlebnissen

> Warum Freunde und Familie nicht zur Geburtstagsfeier ins **SCHLOSS FREUDENBERG** einladen? Bitte unbedingt anmelden! (Tel. 06 11 / 4 11 01 41)

Tipp

im ›Erfahrungsfeld der Sinne‹ und lässt sich bei einem lichtlosen ›Nacht-Mahl‹ vertiefen. Andere Ausstellungsbereiche möchten die Sinne schärfen, wie beim Spielen der Klangschalen und dem Aufspüren optischer Effekte. Berühren verboten? Anders als in vielen herkömmlichen Museen, ist diese Mahnung hier nirgends zu finden. Anfassen, in die Hand

GANZJÄHRIG TÄGLICH GEÖFFNET (AUSSER MO), KOSTENLOSE FÜHRUNGEN AN DEN WOCHENENDEN.

nehmen, schnuppern, ausprobieren: All das darf und soll der Besucher nach Herzenslust. Das Schloss Freudenberg wurde vor über 100 Jahren von einem Künstlerpaar gebaut und blickt auf eine wechselvolle und der Bausubstanz nicht immer zuträgliche Vergangenheit zurück. Über viele Jahre stand das Gebäude leer, bis es Anfang der 1990er-Jahre von Beatrice und Matthias Schenk übernommen wurde. Bis dahin war das Ehepaar mit einem Zirkus unterwegs. Die Schlossfenster hatte man, zum Schutz vor Vandalismus, zugemauert. Kurzentschlossen machten die neuen Herren im Schloss Freudenberg aus der Not eine Tugend. Die erste Ausstellung hieß ›Sie sehen nix!‹. Und lockte 30.000 Besucher an, die das Phänomen ›Finsternis‹ erleben wollten.

TIER- UND PFLANZENPARK FASANERIE /// NATURPÄDAGOGISCHES ZENTRUM ///
WILFRIED-RIES-STRASSE 20 /// 65195 WIESBADEN /// 06 11 / 4 09 07 70 ///
WWW.WIESBADEN.DE ///

Ein Tierpark, der keinen Eintritt kostet! Das ist eine seiner Besonderheiten, jedoch bei weitem nicht die einzige. Der ehemalige Fasanengarten, den Fürst Karl von Nassau-Usingen 1749 oberhalb des Klosters Klarenthal anlegen ließ, erlebte in seinem langen Bestehen Höhen und Tiefen. Inzwischen entwickelte sich die Wiesbadener Fasanerie zu einem naturpädagogischen Zentrum mit Vorbildfunktion. Um die 50 heimische Wild- und Haustierarten kann man auf einem Spaziergang durch den Park beobachten.

WOHNGEMEINSCHAFT FÜR WÖLFE UND BÄREN

Ein Besuch im Tierpark dürfe nicht an den Kosten scheitern. Diesen Wunsch schrieben sich die Gründer des Fördervereins Fasanerie Wiesbaden e. V. von Anfang an ins Konzept – so gering die Aussichten für den ›freien Eintritt‹ auch schienen. 1995 schlossen sich einige tatkräftige Wiesbadener zusammen, um der vernachlässigten Fasanerie auf die Beine zu helfen. Die Geldmittel waren knapp, und die Aufgaben in dem in die Jahre gekommenen städtischen Tierpark riesig. Seit dieser Zeit konnten die Tierparkleitung

Tipp

Details über die Ziele des Vereins, viel Hintergrundwissen über den **TIERPARK** und Informationen für Besucher auf der Homepage des Fördervereins www.fasanerie.net

und der Förderverein gemeinsam eine ganze Reihe von Projekten in die Tat umsetzen. Zu den spektakulärsten Vorhaben gehörte der Bau des gemeinsamen Bären- und Wolfsgeheges, dessen erste Bewohner – die betagten Zirkusbärendamen Willi und Muffi – auf 30.000 m² ein Leben auf Braunbärenart erkunden durften, in Gesellschaft eines neugierigen jungen Wolfsrudels. Ins Nachbargehege zogen die Luchse als weitere Vertreter der ursprünglich in den deutschen Wäldern heimischen großen Räuber ein. Auch die Wildkatze ist in der Fa-

DER TIERPARK IST TÄGLICH AB 9 UHR BIS 17 UHR (WINTER) BZW. 18 UHR (SOMMER) GEÖFFNET. HUNDE DÜRFEN NICHT MIT.

sanerie zu Hause. Zudem beteiligt sich der Tierpark an einem Rettungsprogramm für den Europäischen Nerz. Natürlich gibt es auch all die Pflanzenfresser, vom Reh- und Rotwild bis zu den imposanten Wisenten. Nicht zu vergessen die Haustiere: Schweine, Ziegen, Schafe und Geflügel. Als naturpädagogisches Zentrum bietet die Fasanerie viele Projekte für Kinder, Jugendliche und Erwachsene. Wer sich für die Pflanzenwelt interessiert, wird zwischen den vertrauten Baumarten auch Gingko, Mammutbäume und andere botanische Raritäten entdecken.

Es geht zu wie im Schlafsaal einer Jugendherberge, als es in Jugendherbergen noch Schlafsäle gab. Ein ohrenbetäubendes Schnattern, Krächzen und Kreischen erfüllt die Abendluft. Nur zögernd ebbt der Lärm ab und beruhigt sich, bis in die Stille hinein erneut vereinzelte Stimmen laut werden. Fragendes Krähen und zur Antwort ein Glucksen, bis mit einem Mal kein Laut mehr zu hören ist und nichts darauf hindeutet, dass sich ein Schwarm grasgrüner Großsittiche im Laub der Platane verbirgt. Nicht irgendwo in den Tropen. Am Biebricher Rheinufer! Wiesbadens exotische Neubürger haben ihren Schlafbaum bezogen.

SCHLAFBÄUME UND SCHLANGENNESTER

Wer den Kurpark besucht oder den Biebricher Schlosspark durchwandert, wird schnell auf das fremd klingende Krächzen aufmerksam und kann die Papageien nicht selten im Flug beobachten. Charakteristisch sind die schmalen, spitzen Flügel und der lange, schmale Schwanz. Die Tiere sind die Nachkommen entflogener Käfigvögel und haben das Kunststück geschafft, sich in Freiheit zu behaupten. Die Papageien brüten in Baumhöhlen und ernähren sich von Früchten und Samen. Die größte Gruppe der exotischen Einwanderer bilden die knallgrün gefärbten Halsbandsittiche. Das auffällige ›Halstuch‹ tragen nur die Männchen. Den roten Schnabel besitzen beide Geschlechter. Die Halsbandsittiche sind leicht mit einem weiteren Neubürger zu verwechseln, dem Großen Alexandersittich. Mit ca. 52 cm von der Schnabel- bis zur Schwanzspitze ist er einige Zentimeter länger als der Halsbandsittich und schmückt sein grünes Federkleid mit einem roten Streifen am Flügel. Außer den Großsittichen lassen sich auch Amazonen und andere Papageienarten in Wiesbaden beobachten. Ob in den 1960er-Jahren während eines Sturms tatsächlich ein Schwarm Halsbandsittiche aus der Voliere eines Vogelhändlers entkam, lässt sich heute nicht mehr nachvollziehen. Tatsache ist, die Wiesbadener Vogelwelt wurde durch die auffällig bunten Einwanderer bereichert. Auch wenn der Betrieb im Schlafbaum mit Hunderten von Nachtgästen das Gegenteil vermuten lassen könnte: Bislang gehören Wiesbadens Papageien zu den Raritäten der heimischen Vogelwelt. Greifvögel und andere Feinde, vor allem aber strenge Winter, machen den Exoten das Leben in unseren Breiten schwer.

Gefahrvolle Lebensumstände muss auch ein scheues Wesen bestehen, das still lebt und äußerst selten zu beobachten ist. Die Äskulapnatter,

unsere größte heimische Schlangenart, kommt deutschlandweit nur noch
in vier Regionen vor. Neben zwei Gebieten in Bayern und einer Gegend
im Odenwald konnte sich eine kleine Population im Rheingau und den
angrenzenden Waldgebieten erhalten. So haben die vorsichtigen Tiere
unter anderem in Schlangenbad, das die Äskulapnatter sogar zum Wappentier auserkoren hat, und in Frauenstein einen Rückzugsort gefunden.
Am Hang des Sommerbergs wurde man in den 1980er-Jahren durch Zufall auf die stark bedrohte Art aufmerksam. Auf der Suche nach seltenen
Pflanzen stießen Naturschützer unerwartet auf eine ca. 1,80 Meter lange
Schlange, die sich sicher genug fühlte, um in aller Gelassenheit das Weite
zu suchen. Trotz vieler Schutzmaßnahmen in neuer Zeit steht das seltene
Reptil nach wie vor als ›vom Aussterben bedroht‹ auf der Roten Liste.
Ein schwindender Lebensraum in ›aufgeräumten‹ Gärten, dazu der Autoverkehr, aber auch die Hauskatzen machen der Schlange, die für den Menschen absolut ungefährlich ist, zu schaffen. Die tagaktive Äskulapnatter
jagt Kleinsäuger und Vögel. Sie kann in Einzelfällen bis 2,20 Meter lang
werden. Die meisten Tiere erreichen eine Länge um anderthalb Meter. Ihr
Erkennungszeichen ist der sehr lang gestreckte, schlanke Körper, der auf
dem Rücken verschiedene Braun-, Grau- oder Grüntöne aufweisen kann.
Der Bauch ist heller gefärbt, die Körperseite oft mit einem hellen Streifen
versehen. Typisch ist ein verwaschener Streifen zwischen Auge und Maul.
Ursprünglich aus dem Mittelmeerraum stammend, hält sich die Wärme
liebende Schlange gern in den Weinbergen auf. Mit einer großen Portion
Glück lässt sich die Äskulapnatter beim Sonnenbad auf einer Trocken-
mauer entdecken.

Ein Glasdach, das sich in zeitgenössischer Leichtigkeit über ein sichtlich geschundenes Bauwerk legt. Kein Wiederaufbau? Keine Rekonstruktion des ehemaligen Jagdschlosses, das von Herzog Wilhelm von Nassau im Jahr 1826 auf der Platte oberhalb Wiesbadens gebaut und im Zweiten Weltkrieg schwer beschädigt wurde? Ganz bewusst gab man dem Bauwerk nur einen wetterfesten Schutz, beschränkte die Instandsetzung auf das Notwendigste. Die Schlossruine, ein Kulturdenkmal.

EIN SCHIRM FÜR DIE SCHLOSSRUINE

Die Glaskonstruktion beschirmt das Mauerwerk, ohne dessen Eigenarten zu beeinflussen. Die den Wiesbadenern über die Jahre ans Herz gewachsene Ruine sollte erhalten bleiben. Das schützende Dach war dringend erforderlich geworden, nachdem die nackten Fassaden des Jagdschlosses über Jahrzehnte Wind und Wetter ausgesetzt waren. Erst Ende der 1980er-Jahre begann man damit, Schutt und Trümmer herauszuräumen. Ein Förderverein nahm sich des verwahrlosten Gebäudes an. Behutsamkeit galt von Anfang an als Richtschnur. Im Innern wurde nur die Rotunde mit dem gegen-

> **Tipp**
>
> Mit rustikal-gemütlichem Gastraum und gepflegtem Biergarten lädt der **GASTHOF JAGDSCHLOSS PLATTE** zur Einkehr ein (www.jagdschloss-platte.de).

sinnig verlaufenden Treppenpaar rekonstruiert und 2007 das Glasdach aufgesetzt. Derzeitig steht das Jagdschloss unter der Obhut der Stadt Wiesbaden und kann für Events und Veranstaltungen gemietet werden. So steht man in der Regel vor der verschlossenen Tür, die von zwei ruhenden Bronzehirschen flankiert wird: Repliken der Originale, die Herzog Wilhelm (1792 bis 1839) einst bei dem berühmten deutschen Bildhauer Christian Daniel Rauch in Auftrag gegeben hatte. Bevor das Jagdschloss

> **DIE PLATTE, EINE ERHEBUNG IM TAUNUS, LIEGT AUF KNAPP 500 METERN ÜBER NORMALNULL.**

1913 in den Besitz der Stadt Wiesbaden gelangte, ließen Herzog Wilhelms Erben die Original-Hirsche nach Luxemburg bringen. Finanziert durch Spenden, konnten im Sommer 2010 die Kopien aufgestellt werden. Wer wandern möchte, hat vom Parkplatz vor dem Schloss einen guten Ausgangspunkt. In wenigen Minuten kann man beispielsweise bequem zum ›Steinhaufen‹ spazieren, einer 521 Meter hohen Kuppe. Der Weg führt ein kurzes Stück auf der Trompeterstraße entlang, bis nach rechts ein markierter Pfad abzweigt, auf dem man in wenigen Minuten den Aussichtspunkt erreicht.

Als die Künstlergruppe Tripol gegen Ende der 1990er-Jahre den Neuanfang in der Villa in den Nerotalanlagen wagt, liegt hinter beiden eine bewegte Vergangenheit. Die Gemeinschaft kulturbegeisterter Wiesbadener betrieb im ›Hinterhaus‹ zwanzig Jahre lang ein künstlerisches Zentrum. Die 100jährige Villa diente als Kurklinik und Krankenhaus. Dank des außergewöhnlichen Konzepts des Vereins, inzwischen thalhaus e.V., entstand ein Ort inspirierender Begegnungen, der ›Kultur-Vielfalt unter einem Dach‹ bietet.

STERNSTUNDEN IM ›WOHNZIMMER‹

Um 1900 wurde die Villa als Lehr'sche Kuranstalt gebaut und blieb das einzige Gebäude in den Nerotalanlagen. Zuvor hatten hier die Brüder Löwenherz eine Tuchfabrik und eine Kaltwasser-Heilanstalt geführt. Später nutzte die Städtische Klinik das Haus als Dependance, bis in den 1980er-Jahren der Abriss drohte. Damals suchten die ehrenamtlichen Betreiber des Hinterhauses dringend nach einer neuen Wirkungsstätte. Die Bausubstanz der früheren Weinhandlung war nicht länger zumutbar, doch neue Projekte platzten kurz vor der Verwirklichung. Da kam das Angebot, in die Nerotal-Villa umzusiedeln, wie gerufen – trotz aller Probleme, die zu meistern waren: Das Instandsetzen des abgewirtschafteten Gebäudes und ein längerer Baustopp. Nicht beirren ließ sich die Künstlerinitiative in ihren Absichten; im alten wie im neuen Domizil. Die künstlerische Qualität zählt mehr als ein bekannter Name, und eine große Bandbreite der Kunst findet im thalhaus eine

> **Tipp**
>
> Das **THALHAUS** verfügt über zwei Bühnen und Galerieräume. Das Café Löwenherz ist an Veranstaltungstagen abends geöffnet. Feiern oder tagen in herrschaftlichem Ambiente? Das thalhaus kann gemietet werden!

IN GROSSEN BUCHSTABEN PRANGTE ›KURANSTALT BAD NEROTHAL‹ AN DER FASSADE UND GAB DIE IDEE ZUM ›THALHAUS‹.

Heimat. Die Galerie zeigt wechselnde Ausstellungen, und auf die Bühne kommen Jazz, Tango, Klassik, Kabarett, Theater und Varieté. Internationale Musiker gewähren Einblicke in die ›Musik der Welt‹ – darauf liegt ein besonderer Schwerpunkt. Holger Hebenstreit, künstlerischer Leiter und von Anfang an im Hinterhaus dabei, war über viele Jahre selbst als Kabarettist unterwegs und kennt sich mit beiden Seiten aus. Er bringt es auf den Punkt: ›Das thalhaus soll für alle offen sein. Vor und auf der Bühne. Aber der Künstler muss elektrisieren und neue Impulse aufzeigen.‹

AMT FÜR GRÜNFLÄCHEN, LANDWIRTSCHAFT UND FORSTEN ///
POSTFACH 3920 /// 65029 WIESBADEN /// 06 11 / 31 29 01 ///
WWW.WIESBADEN.DE ///

Eine echte Räuberhöhle! Wer sich zur Zeit um 1900 als Kurgast in Wiesbaden aufhielt, ließ die Besichtigung der Leichtweishöhle nicht aus. Um den Dotzheimer Heinrich Anton Leichtweiß, der sich von 1789 bis 1791 im Nerotal versteckte, rankten sich die Legenden vom verwegenen Räuber und Wildschützen. Um es den Besuchern bequemer zu machen, ließ man den Höhleneingang verlegen, eine Treppe bauen und den Felsboden im räuberischen Unterschlupf begradigen. Das Leben des Dotzheimers ist heute in einem anderen Licht zu sehen.

ZWEI LEBEN DES HEINRICH ANTON LEICHTWEISS

Meist ist es pure Not, die die Menschen im 18. Jahrhundert zum Wildern in den fürstlichen Wäldern verführt. Obwohl ertappte Wilderer an den Pranger gestellt werden und ihnen Folter und drastische Strafen bis hin zur Todesstrafe blühen. Der Adel beansprucht das Privileg der Jagd für sich. Die Bauern wagen es kaum, das Wild von den Äckern zu verscheuchen. Bisweilen treibt auch das Verlangen, sich gegen die Willkür des Adels aufzulehnen, so manchen Waghalsigen dazu, sich am Besitz des Landesherren zu vergreifen. Und Heinrich Anton

> **Tipp**
>
> Ca. 20 Minuten Fußweg liegen zwischen den Tennisplätzen im Nerotal und der **LEICHTWEISHÖHLE**, die vom 15. April bis 31. Oktober geöffnet ist (Mi 10 bis 14 Uhr, Fr 14 bis 18 Uhr, So 13 bis 18 Uhr).

Leichtweiß? Der gelernte Bäcker und Sohn eines fürstlichen Jägers zieht aus dem Taunus nach Dotzheim. 1757 heiratet er Christiane, die Tochter des Bürgermeisters, und übernimmt mit dem Gasthaus ›Zum Engel‹ auch die Funktion des Gemeindebäckers. Später treibt er die Steuern für den Fürsten ein. Schafft sich Heinrich Anton, der Zugezogene, damit Neider im Ort? 1788 bezichtigt man ihn des Einbruchs, nachdem er 31 Jahre in dem

EIN BÜRGER ERFÄHRT DIE WILLKÜR DER JUSTIZ DES FÜRSTENTUMS NASSAU-USINGEN.

Ort lebte und finanziell gutgestellt ist. Alles Beteuern seiner Unschuld hilft ihm nicht. Im Gegenteil, man beschuldigt ihn außerdem, gestohlenes Wildbret verkauft zu haben. Er muss auf dem Wiesbadener Marktplatz an den Pranger und kommt für ein Jahr ins Zuchthaus am Michelsberg. Mit 66 Jahren wird er entlassen und kehrt nicht zu seiner Familie zurück. Ist die Schande zu groß? Er verkriecht sich in der Höhle im Nerotal, die 1791 von Waldarbeitern entdeckt wird und auf seine Spur führt. Wieder festgenommen, wird er ohne rechtsgültigen Prozess eingesperrt. Leichtweiß stirbt mit 70 Jahren, ohne die Freiheit wiederzuerlangen.

ESWE VERKEHRSGESELLSCHAFT MBH /// NEROBERGBAHN ///
WILHELMINENSTRASSE 51 /// 65193 WIESBADEN /// 06 11 / 2 36 85 00 ///
WWW.ESWE-VERKEHR.DE ///

Den kurzen, steilen Anstieg hinauf zu Wiesbadens Hausberg bewältigt die Nerobergbahn mühelos. Angetrieben durch einen umweltfreundlichen Mechanismus. Als Ballast dient Wasser, das an der Bergstation in einen Tank unterhalb des Wagens fließt. Ist die Befüllung schwerer als die Last des unteren Wagens mitsamt seinen Passagieren, kann es losgehen. Das Gesetz der Schwerkraft zeigt Wirkung. Der abwärtsrollende Waggon zieht das Gegenstück mit seinem Gewicht bergauf.

MIT WASSERKRAFT BERGAUF

Seit 1888 transportiert die Wiesbadener Drahtseil-Zahnstangenbahn in zwei gelben Waggons abwechselnd die Fahrgäste hinauf auf den Neroberg und zurück. In knapp 4 Minuten bewältigt die Bahn 83 Höhenmeter und eine Steigung bis zu 25%. Die Talstation befindet sich am Ende der Nerotalanlagen. Die Schienen führen über die Bogenbrücke und teilen sich bergaufwärts auf halber Strecke, um beide Waggons passieren zu lassen. An der Talstation wird das Wasser abgelassen und von einem Elektromotor wieder hinauf in einen Wasserspeicher gepumpt. Sobald der Tank oben gefüllt ist, kann die nächste Fahrt starten. Das Auffüllen dauert seine Zeit, und im

> **Tipp**
>
> Sie liebt es romantisch? Er schwärmt für die Technik? Die Trauung in der festlich geschmückten **NEROBERGBAHN** ist kein Kompromiss. Sondern ein außergewöhnliches Angebot des Wiesbadener Standesamtes.

Winter ist, wie man sich gut vorstellen kann, kein Fahrbetrieb möglich. Aus diesen Gründen wurden die meisten Wasserlastbahnen irgendwann auf den kompletten Elektrobetrieb umgestellt. Zu den wenigen Ausnahmen, die das ursprüngliche Prinzip beibehalten haben, gehört die Wiesbadener Nerobergbahn. Eine der wenigen Neuerungen war die Umstellung von

DAS KLEINE MUSEUM AN DER TALSTATION IST WÄHREND DER BETRIEBSZEITEN GEÖFFNET.

der mit Dampf betriebenen Wasserpumpe auf eine elektrische Pumpe. Einblicke in die technischen Details bietet eine der Führungen, die über den Sommer regelmäßig angeboten werden. Darin eingeschlossen ist die Fahrt mit der Bergbahn. Die Saison beginnt zur Osterzeit und endet im Oktober. Über die Sommermonate fährt die Bahn täglich alle 15 Minuten. Im Frühjahr und Herbst werden die Fahrten auf bestimmte Tage und auf die Wochenenden eingeschränkt. Wer die Bahn zu Fuß in Aktion erleben möchte: Der Wanderpfad hinauf zum Neroberg beginnt hinter der Bogenbrücke und führt in Serpentinen in Sichtweite an die Schienen heran.

DER TURM /// **AUF DEM NEROBERG 1** /// **65193 WIESBADEN** ///
06 11 / 9 59 09 87 /// **WWW.DERTURM.COM** ///

Wenn sich die Hitze über die Stadt legt und die Luft rund um den Kochbrunnen zu stehen scheint, zieht es die Wiesbadener hinaus ins Grüne. Ein Ziel liegt verlockend nah: Der Neroberg, Wiesbadens Hausberg. Bei einem Spaziergang die erfrischende Waldluft genießen und danach vielleicht ein Picknick beim Tempelchen? Oder lieber gleich in den Biergarten am ›Turm‹? Auch wenn der Andrang unter den weißen Sonnenschirmen groß ist, irgendwie lässt sich immer noch ein freier Sitzplatz entdecken.

AUF WIESBADENS HAUSBERG

›Neresberg‹ hat man ihn im 17. Jahrhundert genannt. ›Neroberg‹ gefiel im 19. Jahrhundert besser, spielte es doch auf Wiesbadens römische Vergangenheit an. Traditionsbewusste Besucher erobern den Berg mit der gleichnamigen Bahn. Sportliche nehmen den kurzen, aber steilen Wanderpfad aus dem Nerotal. Wer es bequemer liebt, kann mit dem Wagen bis zu den Parkplätzen am Opelbad (Seite 70) hinauffahren. Zweifellos steht der Neroberg, was seine Beliebtheit betrifft, bei den Wiesbadenern an oberer Stelle. Gleich zwei Aussichtsplätze bieten sich dem Besucher von der – gar nicht so hohen – Bergkuppe, die die Innenstadt um nur 130 Meter überragt und uns an klaren Tagen über Wiesbadens Zentrum hinweg bis nach Mainz und in den Odenwald schauen lässt. Nahe der Bergstation der Nerobergbahn liegt – oberhalb eines Weinbergs – eine Terrasse, die von zwei grimmig blickenden Steinlöwen, den Nassauer Hoheitszeichen, bewacht wird. Wenige Schritte weiter befindet sich der Monopteros, ein von weißen Säulen getragenes Tempelchen, das als Wiesbadens bekanntester und schönster Aussichtspunkt gilt. Wendet sich der Betrachter um, schaut er auf den (nicht besteigbaren) Turm, das Überbleibsel eines Hotels, das für gut 100 Jahre den Platz prägte, bis es Ende der 1980er-Jahre durch einen Brand zerstört und abgerissen wurde. Als Nachfolger befindet sich im Turm ein Restaurant. Auf der Freifläche davor liegt eine ›Erlebnismulde‹ für gelegentliche Veranstaltungen. Was rings um den Neroberg außerdem geboten wird, verraten die folgenden Seiten.

> **Tipp**
>
> Was es im Wald alles zu entdecken gibt! Der **WALDERLEBNISPFAD** über 3,3 Kilometer (oder 2,3 Kilometer auf der kürzeren Variante) vermittelt auf seinen Stationen allerhand Wissenswertes. Start und Ende am Neroberg.

AUF DEM WEINBERG ›WIESBADENER NEROBERG‹ WÄCHST EIN HERVORRAGENDER RIESLING.

Ganz schön hoch, der Blick von unten nach oben. Wie mag das erst aus der anderen Perspektive sein? Wer Spaß am Klettern hat, kommt im Kletterwald Neroberg auf seine Kosten. In zehn Parcours kann man seine Geschicklichkeit und das eigene Talent als Klettermaxe erkunden. Die gründliche Einweisung macht auch dem skeptischen Neueinsteiger Mut, den Aufstieg in die Baumkronen zu wagen. Zumal so viele Kletterfreunde mit gutem Beispiel voransteigen. Ein Naturerlebnis der besonderen Art ist allen sicher.

KLETTERPARTIEN IN LUFTIGER HÖHE

»Vor allem im Frühjahr, wenn die Bäume noch kahl sind, hat man einen fantastischen Ausblick«, schwärmt Holger, der sich auf die schwereren Touren wagt. Und das flaue Gefühl? »Kommt gar nicht erst auf«, versichert der 42-Jährige mit überzeugendem Schmunzeln. »Man ist ja bestens gesichert.« Wie das mittels Gurt und Seilen funktioniert, lernt jeder Neueinsteiger bei einer Schulung, die knapp oberhalb des Bodenniveaus stattfindet. Erst wenn beim Ein- und Ausklinken jeder Handgriff sitzt, darf man hinauf auf die Bäume. »Falls es Schwierigkeiten gibt, ist sofort Hilfe da«, versichert Holger, der selbst einmal Unterstützung in Anspruch nehmen musste, als ein Hindernis bei Regen rutschig wurde. »Der Helfer hat mich abgeseilt. Das ging ohne Probleme.« Wie lange man für den Parcours braucht, ist nicht allein von Länge und Schwierigkeitsgrad abhängig. »Wenn viel los ist, muss man auf der Plattform gelegentlich warten. Es darf immer nur eine Person auf ein Kletterstück. Jeder bekommt die Zeit, die er braucht.« Generell gibt es keine Zeitbeschränkung. Einmal bezahlt, darf man an diesem Tag klettern, solange man will. Innerhalb der Öffnungszeiten, versteht sich. Auch Kinder scheuen die Strecke nicht, wie Holger anerkennend berichtet. Allerdings sind die jungen Beine für einige Hindernisse fast zu kurz und der Abenteuerspielplatz am Boden wäre besser geeignet. Von der Aussicht abgesehen: Was macht den Reiz des Kletterns aus? Die Antwort kommt spontan: »Die sportliche Herausforderung. Und die knifflige Frage, wie man den Parcours am besten angeht.« Viel Spaß auf der nächsten Runde!

> **Tipp**
>
> Eine **ANMELDUNG** ist empfehlenswert, doch auch für spontane Besucher werden Klettergurte bereitgehalten.

> **DIE SAISON DAUERT VOM FRÜHJAHR BIS ZUM HERBST. AUSSERHALB DER FERIEN IST DER KLETTERGARTEN NICHT TÄGLICH GEÖFFNET.**

Das Opelbad zu den ›schönsten Freibädern überhaupt‹ zu zählen, steht für einen Wiesbadener außer Frage. Die Lage über der Stadt, hineingeschoben in den Hang des Nerobergs, ist unvergleichlich. Die Existenz des denkmalgeschützten Schwimmbads verdankt die Stadt einem Mann, der sein Geld mit dem Bau von Autos verdiente. Sowie drei kreativen Köpfen, die das Objekt im Bauhausstil zu einer Zeit planten, als das Bauhaus selbst seine Türen in Dessau schließen musste.

SCHÖNER SCHWIMMEN

Wiesbaden besitzt nur wenige Bauwerke im Bauhausstil. Das Opelbad gilt als ein rares Zeugnis dieser Architektur des frühen 20. Jahrhunderts. In den 14 Jahren seines Bestehens war das Dessauer Bauhaus viel mehr als eine Kunst-, Design- und Architekturschule. Heute betrachtet man das Bauhaus als einen Schmelztiegel der europäischen Moderne, dessen Ideen sich über die westliche Welt verbreiteten. Vor allem dank jener Künstler und Architekten, die ihre Arbeit im Exil fortsetzten, nachdem sich das Kollegium dem Druck der Nationalsozialisten gebeugt hatte und am 20. Juli 1933 die Auflösung der Architektenschule beschloss. Auch Wiesbaden befand sich da-

> **Tipp**
>
> Im Opelbad erwarten uns temperierte Schwimmbecken, eine große Liegewiese und ein Saunabereich. Und anschließend die Aussichtsterrasse des Restaurants ›WAGNER IM OPELBAD‹ (www.wagner-gastronomie.de).

mals in unsicheren Zeiten. Die Stadtkasse leer, die politische Zukunft unabsehbar. Kein Grund für Wilhelm von Opel, den ehemaligen Generaldirektor der Rüsselsheimer Opelwerke, Ruheständler und Wahlwiesbadener, zu verzagen und das Projekt ›Schwimmbad‹ ruhen zu lassen. Eisern entschlossen, diese Badeanstalt zu bauen, scheute er weder Kosten

AN EINEN DAMPFER MIT RELING UND BRÜCKE ERINNERT DAS GEBÄUDE DES OPELBADS.

noch die Widerstände jener städtischen Politiker, die sich ein Schwimmbad auf dem Neroberg überhaupt nicht vorstellen konnten. Wilhelm von Opel gewann drei Mitstreiter: Den Wiener Architekten Franz Schuster, der sich im sozialen Wohnungsbau einen Namen gemacht hatte und in Frankfurt an der Städelschule lehrte, den Wiesbadener Architekten und Maler Edmund Fabry, ein Freund des Expressionisten und Wahlwiesbadeners Alexej von Jawlensky. Und nicht zuletzt den Landschaftsarchitekten Wilhelm Hirsch, der unter anderem die Reisinger Anlagen geplant hatte. 1943 wurde das Opelbad eröffnet.

RUSSISCHE ORTHODOXE KIRCHE DER HEILIGEN ELISABETH ///
CHRISTIAN-SPIELMANN-WEG 1 /// 65193 WIESBADEN ///
WWW. WIESBADEN.DE ///

Erkundigt sich ein Besucher bei einem Wiesbadener nach der Russischen Kirche, könnte der Angesprochene nachfragen, ob man nicht die Griechische Kapelle meine. Der überlieferte Name hält sich beharrlich, obwohl das Gotteshaus der russisch-orthodoxen Gemeinde gehört. Wenn man stattdessen nach dem Märchenschloss am Neroberg fragen würde, wüsste wohl jeder, dass damit nichts anderes gemeint sein könnte als die zauberhafte Kirche mit ihren fünf vergoldeten Zwiebeltürmen.

EIN WAHRZEICHEN DER LIEBE

Zur Aura eines Märchenschlosses passt die Geschichte einer Liebe, ohne die es die Kirche nicht gäbe. Die Liebe zwischen zwei Königskindern, jedoch anders als im Märchen ohne ein Happy End. Lassen wir die Frage beiseite, ob es allein tiefe Liebe oder auch gesellschaftliches Kalkül war, das die russische Großfürstin Elisabeth Michajlowna mit Herzog Adolf von Nassau verband. Fest steht, die Hochzeit fand im Januar 1844 in Petersburg statt. Elisabeths Mutter, die Prinzessin Helene von Württemberg und Schwägerin des russischen Zaren, war häufig im Schloss Biebrich zu Besuch und hatte bei dieser Gelegenheit die Heirat zwischen ihrer 18-jährigen Tochter und dem jungen Herzog in die Wege geleitet. Drei Wochen dauerte die Hochzeitsreise, zum Schluss zog das junge Paar in Wiesbaden ein. Und wie es dort empfangen wurde! Man

Tipp

Vor der Kirche liegt ein Parkplatz. Romantischer: Die Fahrt mit der Nerobergbahn. Der Spaziergang führt von der Bergstation am Tempelchen vorbei und zum Opelbad. Dort zweigt bergab ein Pfad zur RUSSISCHEN KIRCHE ab.

hatte eigens ein Triumphtor aufgebaut, und Wiesbadens Bürger zeigten sich begeistert. Umso größer die Trauer, als die junge Frau im Jahr darauf starb und ihre Tochter die Geburt nur um wenige Tage

DER SCHLÜSSEL ZUM RUSSISCHEN FRIEDHOF KANN IN DER KIRCHE AUSGELIEHEN WERDEN.

überlebte. Der russische Zar hatte seine Nichte mit einer äußerst großzügigen Mitgift bedacht und verlangte nach deren Tod die eine Million Rubel nicht zurück. So entschloss sich der Herzog zum Bau einer Kirche, die zugleich die geweihte Grabstätte für seine Frau und Tochter sein und der wachsenden russisch-orthodoxen Gemeinde als Gotteshaus dienen sollte. Wenige Schritte entfernt liegen das Pfarrhaus und der russische Friedhof. Schautafeln an der Friedhofsmauer geben Auskunft über das damalige russische Leben in Wiesbaden.

Der Taunus ist reich an herrlich gelegenen Wiesentälern. Zu den schönsten und ökologisch bedeutsamsten Waldwiesentälern zählt das Goldsteintal in Sonnenberg. Hier wechseln sich freistehende Einzelbäume mit Gehölzgruppen ab. In den Feuchtwiesen wächst der seltene Bachnelkenwurz. Heuschrecken und Schmetterlinge, die andernorts seit Langem verschwunden sind, haben in den Magerwiesen einen Lebensraum gefunden. Wer sich dieses grüne Paradies erwandern möchte, kann sich direkt in Wiesbadens Zentrum auf den Weg machen.

SELTENHEITEN IM WALDWIESENTAL

Der weitgehend ›grüne‹ Wanderweg führt vom Kurhaus durch den Kurpark und weiter entlang des Rambachs nach Sonnenberg, bis an dessen Ortsende der Goldsteinbach in den Rambach mündet und den Weg ins Goldsteintal weist. Nach der etwa 5 Kilometer langen Strecke bietet sich mit dem ›Schützenhaus‹ die erste von zwei traditionsreichen Gaststätten zur Einkehr an. Das hübsche Fachwerkhaus hat, wie der Name sagt, seinen Ursprung im Jahr 1907 als Vereinsheim der Wiesbadener Schützen und wird seit dem Ende der 1940er-Jahre als Gasthaus geführt. Sich rechts haltend, erwartet den Wanderer wenige Fußminuten später die ›Hubertushütte‹. Dahinter erschließt sich der Landschaftspark ›Mittleres Goldsteintal‹, eine für Jahrhunderte von bäuerlicher Nutzung geprägte Landschaft, die von Schafherden beweidet wurde und der Heuernte diente. In moderner Zeit – in den 60er-Jahren des vorigen Jahrhunderts – gab man diese Art

Tipp

Das Goldsteintal ist bis zur ›Hubertushütte‹ (www.diehubertushuette.de) für den Autoverkehr frei. Auch das **›SCHÜTZENHAUS‹** (www.schuetzenhaus-sonnenberg.de) kann mit dem Wagen erreicht werden.

IN DER OFFENEN BACHAUE STEHEN ERLEN UND BIRKEN, IM WALD ÜBERWIEGEND BUCHEN.

der Landschaftspflege auf. Daraufhin entwickelten sich Sträucher und Bäume, wo zuvor seltene Pflanzen gedeihen konnten. Die Verbuschung wurde wieder zurückgedrängt, seit das Gebiet im Jahr 2000 zum Schutzgebiet erklärt wurde. Ein- bis zweimal im Jahr wird das Gras gemäht; zum Teil sogar von Hand. Dadurch finden die Pflanzen wieder die ihnen entsprechenden Bedingungen vor. Auf engstem Raum liegen die unterschiedlichsten Biotope in den Feucht- und Nasswiesen sowie den halbtrockenen Wiesen. Wer beim Spazierengehen die Augen offenhält, kann am Wegesrand allerhand kleines Getier entdecken.

Domänen-Markt

1987 übernahm die Wiesbadener Jugendwerkstatt die Gebäude und Ländereien vom Land Hessen und stellte im Lauf der folgenden Jahre auf einen Bioland-Betrieb um. Für den Besucher erweist sich die Domäne, auf der junge Leute in verschiedenen Berufen Fuß fassen können, als ökologisches Einkaufsparadies: Mit Bäckerei und Käseladen, der Metzgerei und der geräumigen Markthalle. Ergänzt wird das Angebot durch ein Restaurant, ein Café und das Gästehaus.

LERNEN AUF DEM ARCHE HOF

Eines fällt dem Besucher auf Mechtildshausen umgehend auf: Hier sind viele junge Leute beschäftigt. Die Wiesbadener Jugendwerkstatt als Träger legt ihr Augenmerk auf Jugendliche, junge Erwachsene und Langzeitarbeitslose, die auf dem herkömmlichen Arbeitsmarkt weniger Chancen haben und auf der Domäne eine Aufgabe und eine Ausbildung finden.

Dass die jungen Gärtner ihr Handwerk verstehen, beweist der Innenhof. Über den Sommer ein einziges Blütenmeer, lässt er vergessen, dass gegenüber der Domäne der amerikanische Militärflughafen liegt. Um den Innenhof gruppieren sich die Läden, in denen biologisch-organisch gewachsene Produkte aus überwiegend eigenem Anbau angeboten werden. Allein 80 Sorten Gemüse werden herangezogen und verkauft oder im Restaurant verarbeitet.

Tipp

Einmal jährlich ist auf dem sommerlichen **DOMÄNENFEST** das ›Abenteuer Domäne‹ hautnah zu erleben. Mit Tierkindern, Strohkletterburg und vielen anderen Attraktionen für kleine Besucher – und kulinarischen Genüssen für die Großen.

DIE ERSTE URKUNDLICHE ERWÄHNUNG DER DOMÄNE MECHTILDSHAUSEN STAMMT AUS DEM 12. JAHRHUNDERT.

Vor allem aber geht es auf der Domäne tierisch zu. In den Ställen und auf den Weiden ringsum leben französische Charolais-Rinder, die größte Tiergruppe auf dem Hof. Dazu gesellen sich Nutztierrassen, die vom Aussterben bedroht sind. Gemeinsam mit der ›Gesellschaft zur Erhaltung alter und gefährdeter Haustierrassen e. V.‹ (GEH) bemüht sich die Domäne Mechtildshausen um die Zucht vieler selten gewordener Tierarten. Die Domäne wurde zum ›Arche Hof‹ ernannt und hält die Thüringer Wald ziege, die Poitevine-Ziege, das Bunte Bentheimer Schwein, den Poitou-Esel, das Glanrind und das Villard-de-Lans-Rind. Nicht alle Tiere sind in Erbenheim untergebracht. Einige leben auf dem Gassenbacher Hof in Idstein, einem weiteren Standort der Wiesbadener Jugendwerkstatt.

Heiß muss es sein. Und die Sonne hoch am Himmel stehen. Und dann? Die Augen schließen. Die Zehen im Sand vergraben. Im Liegestuhl zurücklehnen und den Wellen lauschen, die sanft ans Ufer schlagen. In der Hand ein eisgekühlter Drink. Wer sich dabei nicht an der Costa del Sol wähnt, ist selbst schuld. An fehlendem Gedränge ringsherum liegt es nicht. Das gehört zum Stranderlebnis dazu. Vor allem, wenn der Sandstrand am Rheinufer liegt. Mit der Reduit im Rücken und dem Mainzer Dom in Blickrichtung. Sofern man die Augen öffnen mag.

SONNENBAD AM RHEINUFER

Das Wichtigste vorweg: Der schmale Sandstrand am Kasteler Rheinufer ist ausschließlich zum Sonnenbaden da. Das Schwimmen ist an dieser Stelle strengstens verboten! Aus gutem Grund: Nur wenige Meter hinter dem Ufer fällt der Untergrund steil ab. Die Strömung ist sogar für einen ausdauernden Schwimmer lebensgefährlich. Mehr als sich die Waden vom Rheinwasser benetzen zu lassen, ist nicht drin – und die Aufmerksamkeit der Eltern daher ausdrücklich gefordert. Die Liegestühle dürfen kostenlos benutzt werden, sofern man auf das Mitbringen eigener Verpflegung verzichtet und sich bei Bedarf am Ausschank versorgt. Betrieben werden der Strand und der von Kastanien beschattete Biergarten vom Restaurant ›Bastion von Schönborn‹, das in einem historischen Gebäude der Reduit residiert. Der weitläufige Gebäudekomplex wurde Anfang des 19. Jahrhunderts in Verbindung mit dem Ausbau der Festung Mainz als Kaserne gebaut. In der Reduit findet heute eine Vielzahl von Konzerten und Veranstaltungen statt. Wer genug vom Relaxen hat, kann im Museum Castellum, das sonntagvormittags (März bis November) geöffnet ist, römische Fundstücke besichtigen. Oder der Flößerstube, einem kleinen Museum in der ›Bastion von Schönborn‹, einen Besuch abstatten und sich über die jahrhundertealte Tradition der Flößerei auf dem Rhein informieren. Naturfreunden bietet sich ein Spaziergang rheinabwärts zur Maaraue an. Dort dürfte man auch endlich eintauchen ins kühle Nass: Mitten im Landschaftsschutzgebiet liegt Wiesbadens größtes Freibad ›Maaraue‹.

> **Tipp**
>
> Vom Alltag abschalten in der Lounge. Beschirmt von Kübelpalmen und mit dem Blick auf die Mainzer Silhouette und die **THEODOR-HEUSS-BRÜCKE**. Frühzeitige Reservierung empfiehlt sich!

> **DER RHEIN IST KEIN SCHWIMMBAD. IN DER REISSENDEN STRÖMUNG BESTEHT LEBENSGEFAHR!**

RHEINGAU

Auf der Landkarte ist die Region schnell entdeckt: Wo der Rhein einen scharfen Schlenker nach Westen einschlägt, beginnt – rechtsrheinisch – der Rheingau, und er endet bei Lorchhausen. Das allerdings ist nur eine grobe Lokalisierung. Wer die Gegend aufmerksam bereist, wird bemerken, dass sowohl Walluf als auch Flörsheim-Wicker als ›Tor zum Rheingau‹ grüßen. Zwei Orte, zwischen denen gut 20 Kilometer liegen. Grund der Verwirrung: Es kommt darauf an, von welchem Rheingau die Rede ist. Während zum einen das ›Weinanbaugebiet Rheingau‹ gemeint ist, beziehen sich andere auf die uralte Kulturlandschaft innerhalb der Grenzen des historischen ›Rheingauer Gebücks‹.

ALS BISCHOF WILLIGIS NACH VERONA REISTE

Nähern wir uns der Begriffsklärung mit einem Blick in die Vergangenheit: Im Jahr 983 reiste der Mainzer Bischof Willigis, der übrigens den Mainzer Dom bauen ließ, nach Verona zum Reichstag Ottos II. und bekam dort neben Bingen und anderen Ländereien auch den rechtsrheinischen Rheingau zugesprochen. Das kurmainzische Gebiet entsprach weitgehend dem heutigen geografischen Rheingau, der in Walluf beginnt und sich als schmaler Streifen durch Eltville, Kiedrich, Oestrich-Winkel, Geisenheim und über Rüdesheim zum Lorcher Stadtteil Lorchhausen zieht. Dank der ›Veroneser Schenkung‹ herrschten die Mainzer Bischöfe bis zum Beginn des 19. Jahrhunderts mit großem Einfluss und kluger Rücksicht über die Privilegien und Rechte der Rheingauer. Nicht ›Stadtluft macht frei‹: ›Rheingauer Luft macht frei‹ hieß es im Mittelalter in jenem Landstrich, der keine Leibeigenschaft kannte und seinen Bürgern eigene Landesversammlungen und Landgerichte erlaubte. Freiheiten, die es zu schützen galt.

Um das 12. bis 13. Jahrhundert begannen die Rheingauer, die Grenze zum Taunus mit Rot- und Hainbuchen zu bepflanzen und deren ›gebückte‹ Äste miteinander zu verflechten. Die undurchdringliche Hecke verlief von Walluf in nördlicher Richtung nach Schlangenbad, zog sich parallel zum Rheinufer über das Rheingaugebirge und schließlich durch das Wispertal hinunter nach Lorch. Von den Bollwerken, die die Straßendurchgänge sicherten, blieb als Ruine die ›Mapper Schanze‹ bei Hausen v.d.H. erhalten. Zum Ende des 18. Jahrhunderts wurde die Pflege des ›Rheingauer Gebücks‹ aufgegeben. 1803 endete die Herrschaft der Kurmainzer. Der Rheingau fiel an das Herzogtum Nassau, aus dem nach der Annektierung durch Preußen die Provinz Hessen-Nassau wurde. Als man diese 1867 in Kreise untergliederte, entstand der Rheingaukreis, der später durch Teilung verkleinert wurde. Im Rheingaukreis fasste man zwei Regionen zusammen, die gegensätzlicher kaum sein konnten. Auf der einen Seite die historische Kulturlandschaft am Rheinufer, deren katholische Bewohner durch Weinanbau und beginnenden Tourismus zu Wohlstand gekommen waren. In der Nachbarschaft die Einwohner einer Mittelgebirgslandschaft, deren ausgedehnte Wälder und tiefe Schluchten den protestantischen Bewohnern nur ein karges Auskommen boten. Der Rheingaukreis bestand bis 1977 und wurde im Rahmen der hessischen Gebietsreform mit dem Kreis Untertaunus zum Rheingau-Taunus-Kreis verbunden.

Ein gutes Stück größer als der geografisch-historische Rheingau ist das Weinanbaugebiet Rheingau, das in Flörsheim-Wicker seinen Anfang nimmt und damit die Weinberge an der Mainmündung einschließt. Das westliche Ende liegt ebenfalls in Lorchhausen. Verglichen mit anderen deutschen Anbaugebieten, gehört das Weinanbaugebiet Rheingau mit ca. 3.200 Hektar Rebfläche zu den kleinen, überschaubaren Anbaugebieten. Im historischen Rheingau festigten die jahrhundertelange Eigenständigkeit und die 500 bis 600 Jahre währende Abgeschlossenheit durch das ›Rheingauer Gebück‹ die regionale Identität der Bewohner. Das spiegelt sich bis in unsere Zeit in einem deutlichen ›Wir-Gefühl‹ in der ›Kulturlandschaft Rheingau‹ wider. Bevor im Lorcher Stadtteil Lorchhausen die westliche Grenze erreicht ist, kommt eine weitere Besonderheit dazu: Der östliche Zipfel des UNESCO-Welterbes ›Oberes Mittelrheintal‹ reicht bis in den Rheingau hinein.

Die ›RHEINGAUER RIESLINGROUTE‹ führt den Autofahrer auf 65 Kilometern von Wicker bis Lorchhausen durch weltbekannte Weinorte und Weinlagen.

Tipp

FLÖRSHEIMER WARTE /// **LANDWEHRWEG** /// **65439 FLÖRSHEIM AM MAIN** ///
KONTAKT: RESTAURANT LA FAYENCE, FLÖRSHEIM /// **0 61 45 / 54 87 77** ///
WWW.FLOERSHEIMER-WARTE.DE ///

Was zu mittelalterlichen Zeiten überlebensnotwendig sein konnte, dient heute dem Vergnügen. Jedenfalls für den Schaulustigen, der sich am Ausblick von einem Turm erfreut. Die Flörsheimer Warte hat mit beidem zu tun. Obwohl eine Rekonstruktion und nicht das Original, zeichnet sie das Bild einer mittelalterlichen Wehranlage nach und lädt dazu ein, eine Kulturlandschaft mit langer Vergangenheit aus dem erhöhten Blickwinkel zu betrachten. Mit all ihren Schönheiten und Verletzbarkeiten, die sich hier – am ›Tor zum Rheingau‹ – aufspüren lassen.

WÄCHTER DER WICKERER WEINBERGE

Die ursprüngliche Flörsheimer Warte diente bereits im 16. Jahrhundert der Ausschau nach Feinden, die sich aus dem Taunus hätten heranschleichen können, und der Absicherung der Straßen, die in die kurmainzerischen Dörfer Flörsheim, Hochheim, Kastel und Kostheim führten. Der Wachturm auf dem Geißberg zählte zur Kasteler Landwehr und gehörte zu einer Gruppe von insgesamt vier Türmen, die miteinander in Sichtverbindung standen. Als sich die politische Lage änderte, verloren die Wachtürme an Bedeutung. Die Flörsheimer Warte teilte das Schicksal vieler mittelalterlicher Gebäude und wurde um 1817 bis auf das Fundament abgebrochen. Man brauchte die kostbaren Mauersteine für andere Bauten – in diesem Fall für die Mauer eines Weinguts. Der heutige Turm, die neue Flörsheimer Warte, stammt aus dem Jahr 1996; ein Projekt, das im Rahmen der Rekultivierung der Kiesgrubenlandschaft Weilbach entwickelt und finanziert wurde. Die Warte steht nicht direkt auf, sondern in der Nähe der alten Fundamente. Eine bewusste Entscheidung, wollte man die Rekonstruktion doch vom vorigen Bauwerk abgrenzen. Bei den Baustoffen vermischen sich traditionell verwendete Natursteine und moderne Materialien. Außen mit Elementen des Originals geschmückt, zeigt sich das Innenleben zeitgemäß. Über vier Etagen verteilen sich Eingangsbereich, Küche, Restaurant und die obere Aussichtsebene, die weiten Ausblick über die Wickerer Weinberge bis hin zu Taunus, Hunsrück und auf die Frankfurter Skyline bietet.

Tipp

Der ›WEINLAUBENGANG‹ und die ›APFELWEINROUTE‹ führen an der Flörsheimer Warte vorbei. Oder man wandert zum ›Haus des Dichters‹, das eine aufgefüllte Kiesgrube krönt (www.regionalpark-rheinmain.de).

GEÖFFNET AN WOCHENENDEN UND FEIERTAGEN (MITTE MÄRZ BIS OKTOBER). ERREICHBAR ZU FUSS ODER PER RAD VON WICKER ODER FLÖRSHEIM.

MAGISTRAT DER STADT /// HOCHHEIM AM MAIN /// BURGEFFSTRASSE 30 /// 65239 HOCHHEIM AM MAIN /// 0 61 46 / 90 00 /// WWW.HOCHHEIM.DE ///

Sehr früh wurde dieser fruchtbare Landstrich am Main besiedelt. Es gibt Spuren keltischen Lebens, wie der Fund eines Fürstengrabes zeigt. Später ließen sich die Alemannen nahe am Main nieder. Die Römer waren es schließlich, die begründeten, was Hochheim bis heute prägt und wessen Qualität sich bis ins englische Königshaus herumsprach: Der Weinbau. Königin Viktoria schätzte die Hochheimer Weine ganz besonders. Eine der besten Lagen erhielt Ihrer Majestät zu Ehren den Namen ›Königin-Viktoria-Berg‹.

GENIESSEN WIE DIE MAJESTÄTEN

›Good Hock keeps off the doc‹. Ein Leitspruch, dem auch Königin Victoria gern gefolgt ist. Die Frage, ob ein guter ›Hock‹ grundsätzlich den Arzt ersetzen kann, wollen wir einmal offenlassen. Dagegen scheint gesichert, dass der ›Hock‹, wie der Rheinwein im englischsprachigen Raum genannt wird, auf ›Hochheim‹ zurückgeht. Im August 1845 bereiste Queen Victoria den Rheingau und gewährte dabei auch Hochheim die Ehre ihres Besuchs. Die adlige junge Dame zeigte sich von Wein und Trauben entzückt, und die Hochheimer wiederum von Ihrer Majestät. Der findige Winzer Georg Michael Papstmann holte fünf Jahre später die Erlaubnis ein, die Weinlage nach dem königlichen Gast zu benennen. 1854 errichtete Papstmann inmitten des Weinbergs – zum 35.

> **Tipp**
>
> Den Wein genießen und die Hochheimer Winzer kennenlernen? Das kann man im Sommer am **WEINPROBIERSTAND**, der in wechselnder Besetzung betrieben wird (Gelände ›Am Weiher‹, geöffnet von Freitagnachmittag bis Montagabend).

Geburtstag der Königin – ein Denkmal im neogotischen Stil, das dem Ereignis gewidmet ist. Bis heute bezieht das englische Königshaus Wein aus dieser Lage, die sich inzwischen im Besitz des Weinguts Hupfeld befindet. Wer auf Königin Viktorias Spuren wandeln möchte, dem

DER BELIEBTE HERBSTMARKT IM NOVEMBER BLICKT AUF EINE 500-JÄHRIGE TRADITION ZURÜCK.

bieten sich allerlei Gelegenheiten in der Wein- und Sektstadt am Main, deren verträumte Altstadtgassen zum Schlendern einladen. Ganz nach Wunsch und Vorliebe kann man in eine Weinstube einkehren, eine der urigen Straußwirtschaften aufsuchen oder es sich am Weinprobierstand gemütlich machen. Oder das Weinfest besuchen. Und hier wie dort genießen wie die Königin.

»Schau es dir unbedingt an«, empfiehlt eine Freundin. Fabian Schmidt, frisch gebackener Absolvent der Fachhochschule Geisenheim, hat zunächst andere Pläne als den Sprung in die Selbstständigkeit. Doch was der Oenologe im ehemaligen Dompräsenzhof vorfindet, lässt ihn alle Vorbehalte vergessen: Ein ehrwürdiges Baudenkmal, ein uriger Weinkeller und der Bestand alter Weinreben überzeugen ihn auf Anhieb. Und nicht zuletzt Jessica und Peter Venitz, die hier kurz zuvor das Restaurant ›Im Weinegg‹ eröffnet haben.

ZWEI PARTNER, EIN ZIEL

»Die Partnerschaft ist ein Glücksfall für uns alle«, sagt Peter Venitz, der gelernte Hotelfachmann. »Wir haben dieselbe Einstellung, möchten denselben Weg gehen.« Was bedeutet, dass im Restaurant wie im Weingut ›Im Weinegg‹ die Qualität an erster Stelle steht. Ein neuer Name übrigens, der für den Neubeginn steht. In früheren Jahren war das Weingut unter dem Namen ›Aschrott‹ weit über die Grenzen des Rheingaus bekannt. Benannt nach der Familie Aschrott, die das Gut im 19. Jahrhundert vor allem als Sommerresidenz nutzte. Die Geschichte des Weingutes lässt sich bis in das 13. Jahrhundert verfolgen, als die Bischöfe von Mainz in Hochheim den ›Dompräsenzhof‹ errichteten. Dass dort unter anderem Rotwein angebaut wurde, ist für die Zeit zwischen 1664 und 1668 nachgewiesen. Auch Fabian Schmidt

> **Tipp**
>
> Die Weine kennenlernen: In der **VINOTHEK** (Öffnungszeiten unter www.weinegg.de) und im Restaurant ›Im Weinegg‹, dessen gehobene deutsche Küche bestens mit den hochwertigen Weinen harmoniert.

GERN GEWÄHRT FABIAN SCHMIDT EINEN BLICK IN DEN WEINKELLER (BITTE ANMELDEN).

keltert im historischen Gewölbekeller neben Riesling und Grauburgunder auch Spätburgunder, Dornfelder und – als Besonderheit für die Mainregion – Merlot. Biologie oder Garten- und Landschaftsbau waren zwei Studiengänge, die er nach dem Abitur in Erwägung zog. Ein freiwilliges ökologisches Jahr bei einem Biowinzer brachte ihn mit der praktischen Seite des Weinbaus in Berührung. Wie gut sich mit dem Beruf auch die naturwissenschaftlichen Interessen verbinden lassen, wurde Fabian Schmidt bei einem Informationstag der Forschungsanstalt Geisenheim bewusst. Danach stand der Berufswunsch fest. Ein Entschluss, den der ›Winzer aus Leidenschaft‹ bis heute ebenso wenig bereut wie die Übernahme des traditionsreichen Hochheimer Weinguts.

FREMDENVERKEHRSAMT DER GEMEINDE KIEDRICH /// RATHAUS ///
MARKTSTRASSE 27 /// 65399 KIEDRICH /// 0 61 23 / 90 50 10 ///
WWW.KIEDRICH.DE ///

›Schatzkästlein der Gotik‹ nennt sich der Weinort, und in der Tat sind die Stilelemente der mittelalterlichen Baukunst bis heute im Kiedricher Ortskern erkennbar. Neben den Baudenkmälern hütet das Winzerstädtchen einen anderen außergewöhnlichen Schatz. Seit Jahrhunderten pflegen die Kiedricher Chorbuben ihre mehrstimmigen gregorianischen Gesänge. Und nicht nur das: Der Chor singt in einer überlieferten gotischen Variante.

WO DAS MITTELALTER HÖRBAR WIRD

Unbeirrt von modischen Strömungen, halten die Kiedricher Chorbuben ihre Tradition seit 1333 aufrecht, als der Dorfschullehrer die mehrstimmigen Choräle lehrte und seine Schüler zusätzlich in Latein unterrichtete. Weil die Chorgesänge während des 18. und 19. Jahrhunderts in Gefahr gerieten, vernachlässigt und vergessen zu werden, setzte sich ein Engländer für den Fortbestand des Chores ein. Der Stiftung des Baronet John Sutton im Jahr 1865 ist es zu verdanken, dass einer der ältesten Kirchenchöre bis in moderne Zeiten zu hören blieb. Älter als der Chor ist die Burg Scharfenstein, gebaut um 1160 und heute zur Ruine verfallen. Der Bergfried blieb standhaft. Sich weithin sichtbar aus den Weinbergen erhebend, bietet er von seinen Grundmauern aus einen hübschen Ausblick auf Kiedrich. In der Nähe der Burgruine liegt der ›Weinberg der Ehe‹, dessen 1.500 Riesling-Rebstöcke jenen Ehepaaren gewidmet sind, die sich in Kiedrich das Ja-Wort gaben und nun alle zwei Jahre zu einem Umtrunk aus dem ›eigenen‹ Weinberg eingeladen werden. Ein guter Grund, in Kiedrich zu heiraten und sich vielleicht in der St. Michaelskapelle trauen zu lassen, die zu den berühmtesten spätgotischen Kirchenbauten am Mittelrhein zählt. Ihre Nachbarin, die St. Valentinuskirche, stammt aus der Zeit um 1300 und ist die Heimatkirche der Kiedricher Chorbuben, denen Männer und Jungen angehören und die als Spezialität den ›Germanischen Dialekt‹ pflegen, den melodischsten der gregorianischen Gesänge. In Verbindung mit der gotischen Glocke und der 500 Jahre alten Orgel ein einzigartiges Klangerlebnis.

> **Tipp**
>
> Die **KIEDRICHER WINZER** präsentieren ihre Weine am Weinprobierstand mitten in den Weinbergen, in Richtung der Ruine Scharfenstein gelegen (Öffnungszeiten bei der Gemeinde, Tel. 061 23 / 9 05 00).

GOTTESDIENSTE UNTER MITWIRKUNG DER KIEDRICHER CHORBUBEN UNTER WWW.KIEDRICHER-CHORBUBEN.DE.

Nirgendwo sonst liegen die Burgen so eng beieinander wie im Rheintal. Einst errichtet als Symbole für Macht und Reichtum, so unbequem der Alltag darin aus heutiger Sicht auch gewesen sein mochte, wurden sie in Kriegszeiten weitgehend zerstört. Bis ihre Ruinen im 19. Jahrhundert als einzigartige Schätze des Rheintals wahrgenommen wurden. Die Silhouetten der teils verfallenen, teils rekonstruierten Burgen prägen die Rheinlandschaft im Einklang mit Weinbergen und Winzerstädten bis heute. Als Beginn der Rheinromantik gilt der Sommer 1802. Damals bereiste der deutsche Dichter und Philosoph Friedrich von Schlegel das Mittelrheintal und hielt seine Eindrücke in einem Tagebuch fest. Reiseerlebnisse, die auf große Begeisterung stießen.

BURGENROMANTIK AM VATER RHEIN

Auf Friedrich von Schlegels Spuren bewegten sich Friedrich Hölderlin, Clemens Brentano und Heinrich Heine. Den deutschen Romantikern folgten englische Maler wie William Turner. Dessen Gemälde ungezügelter Flusslandschaften lockten wohlhabende Engländer heran, die am Rhein suchten, was ihre industrialisierte Heimat ihnen nicht zu bieten vermochte. Allen voran der Maler und Dichter Lord Byron, dessen überschwängliche Lobeshymnen der Rheintouristik den Weg bereiteten. Da kam die sich 1827 entwickelnde Dampfschifffahrt sehr gelegen. Seit den Zeiten der Römer ist das Rheintal ein Hauptverkehrsweg. Ob es den frühen Reisenden angesichts der Beschwerlichkeiten und Gefahren des reißenden Stroms an Muße und Sinn für die Schönheiten der Natur fehlte? Gerade diese ungezähmte Natur fesselte die Romantiker. Als wäre sie gesättigt von den Linien und Geometrien der Barockgärten, sehnte sich eine heranwachsende Künstlergeneration nach dem Ungestümen und Unberechenbaren. Und inmitten der schroffen Felsen erhoben sich die Burgruinen, die von einer heroischen Vergangenheit zeugten und nur darauf warteten, die Leidenschaft der jungen Dichter und Maler zu wecken. Bei so viel Begeisterung wollte der Adel nicht zurückstehen. So wie das preußische Königshaus, das mehrere Burgen im Stil romantischer Ritterburgen herrichten ließ.

Der Ursprung der ältesten Rheinburgen liegt im 11. und 12. Jahrhundert. Im 14. Jahrhundert erlebte der Burgenbau seine Blütezeit. Der Kaiser verlor immer mehr an Macht, und die regionalen Herren gewannen Oberhand. Die Erhebung von Zöllen entwickelte sich zu einem einträglichen

Geschäft. Neben den Zollburgen und solchen Burganlagen, die Bestandteil einer Stadtbefestigung waren, gab es Adelshöfe und Wohnburgen. Der
Alltag auf der Burg war von Enge und einfachster Ausstattung bestimmt.
Die so verspielt anmutenden Himmelbetten sollten während der Nacht
vor Krabbelgetier schützen, das sich von der Zimmerdecke hätte fallen
lassen können. Ein Teil der Plagegeister wird einen anderen Zugang gefunden haben. Der karge Besitz lagerte in Truhen, und als Esstisch genügte
eine Holzbohle, die auf Böcken ruhte, bis ›die Tafel aufgehoben wurde‹.
Bis in den Sommer hinein hielt sich die klamme Feuchtigkeit zwischen
den Burgmauern, und im Winter kroch der Frost durch die offenen Fensternischen. Gemessen am Wohnkomfort der übrigen Bevölkerung, ließ es
sich in den Burgen dennoch gut leben. Vor allem, weil deren Mauern in
Kriegszeiten einen größeren Schutz vor Übergriffen boten.

Zu den beeindruckendsten Burgruinen gehört die Burg Ehrenfels bei
Rüdesheim. Am Steilhang gelegen, ragen zwei Burgtürme inmitten der
Weinberge auf. Die Zollburg wurde im Mai 1689 von französischen Trup-
pen zerstört. Als Beispiel für die Burgenromantik des 19. Jahrhunderts mag
die Burg Schwarzenstein dienen. Mit Turm und gezacktem Mauerwerk
erweckt die Burg den Anschein einer mittelalterlichen Ruine. Tatsächlich
wurde der Grundstein im Jahr 1873 gelegt. Bauherr war der Frankfurter
Weinhändler Peter Arnold Mumm, der mit der Wiedererlangung des alten
Adelstitels ›Mumm von Schwarzenstein‹ ein Zeichen setzen wollte: Mit
einer eigenen Burg, die perfekt die Rheinromantik im Historismus ver-
körpert. Hoch oberhalb von Johannisberg reiht sich die Burg Schwarzenstein, die heute zwei Restaurants und ein Hotel beherbergt, stolz in die
Reihe der Rheinburgen ein.

Wein-, Sekt- und Rosenstadt nennt sich die beschauliche Stadt am Rhein – und dürfte zu Recht außerdem das Attribut ›Fachwerkstadt‹ führen. Dem Fachwerk begegnet der Besucher in der Altstadt in allen Gassen und kann dessen 400-jährige Baugeschichte studieren. Die ältesten Häuser gehen auf die Zeit um 1550 zurück. Die jüngeren wurden bis zum Jahr 1850 gebaut. Nur wenige Schritte sind es von der Altstadt hinunter zur Rheinpromenade.

WO DIE MAINZER KURFÜRSTEN HERRSCHTEN

Wie sich der Zeitgeschmack ändert: Das nostalgische Fachwerk, das für uns den anmutigen Reiz einer Altstadt ausmacht, war in früheren Zeiten aus der Not geboren. Wer es sich leisten konnte, bewohnte lieber ein gemauertes Gebäude, das dauerhafter und besser vor Feuer geschützt war. Ärmere Bauherren behalfen sich damit, die einfache Fachwerkkonstruktion unter einer Schicht Putz zu verbergen, die nicht nur die Fassade schützte, sondern ihr auch den Anschein eines wertvollen Mauerwerks verlieh. Deswegen wurden selbst kunstvolle Holzkonstruktionen nachträglich verputzt. Andere Eltviller Fachwerkhäuser, die nach 1700 gebaut wurden, hatte man von

Tipp

Im Stadtteil Erbach vereinen sich beim **ERDBEERFEST** im Juni Wein und Beere zu einer köstlichen Bowle. Sehenswerte Veranstaltungen präsentiert das Kulturzentrum Eichberg (www.kuz-eichberg.de).

vornherein unter Putz oder mit einer Schieferverkleidung geplant. Seit die Fassaden bei der Eltviller Altstadtsanierung freigelegt wurden, lässt sich dieser Baustil mit allen seinen Facetten bei einem Stadtspaziergang

**DIE 700 JAHRE ALTE STADT ELT-
VILLE LIEGT AN DER DEUTSCHEN
FACHWERKSTRASSE.**

betrachten. Der Name der Stadt geht auf den Ortsnamen ›Alta Villa‹ zurück. Ob dieser römischen Ursprungs sein könnte, ist nicht geklärt. Dagegen steht fest, dass sich die Römer in diesem klimatisch begünstigten Landstrich am Rhein angesiedelt hatten. Später ließ sich ein fränkischer König nieder und baute seinen Hof an der Stelle, an der sich nun die Kurfürstliche Burg erhebt. Die Burg steht – ebenso wie der hohe Kirchturm – beispielhaft für die Blütezeit des Städtchens im 14. und 15. Jahrhundert, als hier die Mainzer Erzbischöfe residierten. Heute ist die Stadt vom Weinbau geprägt. Und wie der Wein schmeckt, lässt sich an den Sommerwochenenden am Weinprobierstand erkunden, der idyllisch in Sichtweite der Burg an der Uferpromenade liegt.

Der 17. Januar 1465 war ein bedeutsamer Tag für einen Mainzer, der Zeit seines Lebens eine enge Beziehung zu Eltville besaß: Johannes Gutenberg wurde vom Kurfürsten Adolph II. von Nassau zum Hofmann ernannt. Ein Amt, das dem in bescheidenen Verhältnissen lebenden Gutenberg eine Leibrente in Naturalien einbrachte. Heute erinnert ein Stockwerk im Wehrturm der Kurfürstlichen Burg zu Eltville an den genialen Erfinder des Buchdrucks.

EIN MAINZER WIRD HOFMANN

Fünfeinhalb Liter Wein, so heißt es, gehörten unter anderem zu Johannes Gutenbergs Leibrente. Täglich! Geboren in Mainz, verbrachte er – Henne Gensfleisch genannt – weite Teile seiner Kindheit bei Verwandten in Eltville. Als er seine Urkunde in Empfang nehmen durfte, war die Kurfürstliche Burg noch vergleichsweise jung an Jahren. 1330 war mit dem Bau auf den Grundmauern einer noch älteren Burg begonnen worden. Über mehrere Jahrhunderte diente die Burg als Sitz der Mainzer Kurfürsten, den Herren über den Rheingau. Was wir heute sehen, sind die Überbleibsel einer einst gewaltigen Anlage, die dem Dreißigjährigen Krieg Tribut zollen musste. Als ihr vielleicht stolzestes Bauwerk blieb

Tipp

Druckkunst wie zu Gutenbergs Zeiten erleben: Wenn während der ›**DRUCKTAGE**‹ mehrmals jährlich die historische Florentiner Druckpresse zum Einsatz kommt. Veranstalter ist der Eltviller Burgverein (www.gutenberg-eltville.de).

der quadratische Wehrturm erhalten. In schlanker Gestalt erhebt sich der Turm aus dem 14. Jahrhundert über dem Burggraben, der nun den Rosengarten beherbergt. Gekrönt wird der Turm von einer Wehrplatte, die – bekränzt von Zinnen und Ecktürmchen – über 123 Stufen zu erobern ist (zugänglich an Wochenenden und Feiertagen). Von oben schaut man weit

DIE KURFÜRSTLICHE BURG LIEGT MITTEN IN DER ELTVILLER ALTSTADT, NAHE AM RHEINUFER.

hinweg über den Strom und die Rheinlandschaft. Sehenswert sind auch die vier darunter liegenden Stockwerke mit verschiedenen Ausstellungen; unter anderem eine historische Sammlung zur Eltviller Stadtgeschichte. Der ehemalige Wirtschaftsraum steht für wechselnde Kunstausstellungen zur Verfügung. Die Gutenberg-Gedenkstätte im zweiten Stockwerk, die im Rahmen einer Stadtführung zu besichtigen ist, erinnert an die besondere Beziehung zwischen Johannes Gutenberg und Eltville, der Stadt, in der die frühesten Druckwerke der Welt entstanden.

TOURIST-INFORMATION UND KULTURAMT /// RHEINGAUER STRASSE 28 ///
65343 ELTVILLE AM RHEIN /// 0 61 23 / 9 09 80 /// WWW.ELTVILLE.DE ///

Bis auf zehn Meter Höhe haben die Kletterrosen die Burggrabenmauern der Kurfürstlichen Burg erobert. In verschwenderischen Kaskaden überziehen die Blüten das Mauerwerk, während sich die edlere Verwandtschaft in den Beeten zur Schau stellt. Die Königin der Blumen schmückt nicht allein den Rosengarten am Burggraben. Auch in der Altstadt begegnet man ihr auf Schritt und Tritt. Rote Rosen. Gelbe Rosen. Weiße Rosen. Edelrosen. Beetrosen. Alte Sorten. Neue Sorten. Wer Rosen liebt, muss zur Blütezeit nach Eltville. In die Stadt der Rosen.

BLÜTENZAUBER IM BURGGRABEN

Seit 1988 darf Eltville sich offiziell ›Rosenstadt‹ nennen. Ein Titel, den die Stadt dem damaligen Verein Deutscher Rosenfreunde (heute Gesellschaft Deutscher Rosenfreunde e. V.) verdankt. Die Verbindung zwischen Eltville und der Königin der Gartenpflanzen hat allerdings einen weit älteren Ursprung. Bereits in Carl Schmitts Rosenschule, gegründet 1871, wuchsen auf den Feldern außerhalb der Stadt Rosen heran. Im milden Klima entwickelten sich die Pflanzen prächtig. Bis an den Hof des russischen Zaren wurden

> **Tipp**
>
> Der **ROSENGARTEN AM BURGGRABEN** ist von April bis Oktober täglich von 9.30 Uhr bis 19 Uhr und von November bis März täglich von 10.30 Uhr bis 17 Uhr geöffnet.

die Rosenstöcke verschickt. Das blühende Geschäft fand Nachahmer. Bald verschrieben sich weitere Eltviller Gärtnereien der Rosenzucht und ernteten Anerkennung und Aufmerksamkeit bei Ausstellungen. Nach beiden Weltkriegen schien die Epoche der Rosen in dem Rheinstädtchen Vergangenheit. Bis sich in den 1960er- Jahren ein Fachmann erneut der

›STADT ELTVILLE‹ UND ›SCHÖNES ELTVILLE‹: ZWEI ROSENSORTEN, DIE NACH DER ROSENSTADT BENANNT WURDEN.

Rosen annahm: Reinhard Pusch, ein Stadtgärtnermeister, verhalf den Eltviller Rosen zu neuer Blüte und setzte fleißig Rosenstöcke in die städtischen Grünanlagen. 1979 rodete der ›Eltviller Rosenvater‹ den verwilderten Burggraben, um auch hier Rosenbeete anzulegen und Raum für die Kletterrosen zu schaffen. Inzwischen beherbergt die Rosenstadt 22.000 Rosenstöcke in 350 Sorten, von denen die meisten rund um die Burg und am Rheinufer stehen. Eltville wäre nicht Rosenstadt, gäbe es darunter nicht etliche Raritäten, die nicht nur zu den ›Rosentagen‹ ihre Bewunderer finden. An jedem ersten Wochenende im Juni lädt Eltville zu einem bunten Programm rund um die Rose ein.

In jedem Winkel scheint die Vergangenheit gegenwärtig. Im Kreuzgang wie in der Basilika möchte der Besucher unwillkürlich Ausschau halten nach barfüßigen Mönchen in grob gewebten Kutten, die nicht zufällig an William von Baskerville alias Sean Connery und seine Ordensbrüder aus dem ›Namen der Rose‹ erinnern. Hier wurden im Winter 1985/86 die Innenaufnahmen für den Film gedreht, dem Umberto Ecos bildgewaltiger Roman zugrunde liegt. Doch nicht allein deswegen gehört das Kloster Eberbach zu den herausragenden Rheingauer Ausflugszielen.

DIE WEINKELLER DES WILLIAM VON BASKERVILLE

Die Dreharbeiten bilden eine winzige Episode in der 900-jährigen Klostergeschichte. Im Jahr 1136 von 13 Zisterziensermönchen aus Burgund gegründet, hat sich das Kloster im Lauf der Jahrhunderte beständig weiterentwickelt und zeigt ein Panorama klösterlicher Baugeschichte. Wie im Rheingau nicht anders zu erwarten, spielte der Weinanbau zu allen Zeiten eine prägende Rolle. Was nicht zu falschen Schlüssen verleiten sollte. Das Leben im Zisterzienserorden war mühevoll und entbehrungsreich. Der Auftrag ›ora et labora‹ (›bete und arbeite‹) bestimmte den Tagesablauf der Mönche. Die Schweigegelübde wurden von kargen Mahlzeiten begleitet, und der Alltag in den zugigen und nasskalten Räumen forderte seinen Preis. Mit der französischen Revolution und der anschließenden Säkularisierung kehrte weltliches Leben in die Klostermauern ein. Viele Besonderheiten der Ausstattung gingen verloren, und die Gebäude litten unter der Zweckentfremdung als Frauengefängnis, ›Irrenanstalt‹ und Viehstall. 1986 wurde damit begonnen, nach und nach die gesamte Anlage zu restaurieren. Heute strömen Besucher durch die Klostergänge und spähen neugierig in die Weinkeller. Wer sich nach dem Rundgang stärken möchte, kehrt in die ›Klosterschänke‹ ein – und begegnet dort nicht selten einer Hochzeitsgesellschaft. Auch für das Ja-Wort am schönsten Tag im Leben bildet das Kloster Eberbach einen einzigartigen Rahmen.

Tipp

Das **KLOSTER** ist in der Regel täglich von 11 Uhr bis 17 Uhr geöffnet (Änderungen zu Weihnachten, Silvester, Rosenmontag und bei Veranstaltungen möglich). Eine reiche Auswahl bietet die Vinothek.

DER VERANSTALTUNGSKALENDER IST PRALL GEFÜLLT! AUSSERDEM GIBT ES FÜHRUNGEN ZU UNTERSCHIEDLICHEN THEMEN.

RHEINGAU LAMA & ALPAKAS /// ALEXANDRA MESSING ///
UNTERE KISSELMÜHLE 1 /// 65346 ELTVILLE /// 0 67 23 / 8 73 60 ///
WWW.KISSELMUEHLE.DE ///

Zwei langbeinige Fellbündel sausen im Galopp los. Sofort gesellt sich ein drittes Jungtier dazu. Mit jeder Runde schließen sich weitere an, bis eine ganze Schar junger Lamas und Alpakas im Spiel über die Weide jagt; wohlwollend beobachtet von Alexandra Messing, der Hausherrin der Kisselmühle. »Die Kleinen holen sich gegenseitig ab, und dann geht es rund.« So ausgelassen sich die Jungen austoben, so ausgeglichen wirken die älteren Mitglieder der 80-köpfigen Herde. Auf einer Wanderung können nen Tierfreunde die sanftmütigen Lamas näher kennenlernen.

AUF LEISEN SOHLEN DURCH DEN RHEINGAU

Der Zufall führte Alexandra Messing und ihre Familie in die Nachbarschaft des Klosters Eberbach. Als die Familie Messing in der Kisselmühle eine Wohnung bezog, lebten schon seit einigen Jahren Lamas und Alpakas auf den umliegenden Weiden. Die Zucht gehörte Konrad und Lydia Kraft, deren Ziel es war, die Ursprünglichkeit des Tals zu erhalten: Mit Hilfe der Lamas und Alpakas, den idealen Landschaftspflegern. Der Naturschutz steht auch für Alexandra Messing im Vordergrund, seit sie die Kamelidenzucht in der Kisselmühle übernommen hat. »Mit ihren weichen Schwielensohlen schonen die Tiere den Boden. Das Gras zupfen sie vorsichtig mit den Lippen.« In ihrer südamerikanischen Heimat werden die freundlichen Neuweltkameliden seit Jahrtausenden als Haustiere gehalten. Während man an den zierlichen Alpakas vor allem die feine Wolle schätzt, bewähren sich die kräftigeren Lamas in den unzugänglichen Andenregionen beim Tragen von Lasten. »Natürlich müssen die Lamas mit Liebe und Sachverstand mit ihrer Aufgabe vertraut gemacht werden. Dann sind sie sehr zuverlässig und lassen sich auch von Kindern führen.« Selbstverständlich nur unter Aufsicht! Alexandra Messing ist immer dabei und erklärt den Gästen vorab, worauf es im Umgang mit den Lamas ankommt. Und sie kann alle beruhigen, wenn die unvermeidliche Frage nach dem ›Spucken‹ kommt. Diese Methode, sich Respekt zu verschaffen, behalten sich die menschenfreundlichen Tiere für Ihresgleichen vor. Damit steht dem Naturerlebnis der besonderen Art nichts entgegen.

> **Tipp**
>
> Neben dem **LAMATREKKING** für Groß und Klein werden viele weitere Aktionen angeboten wie Betriebsausflüge, Erlebnis- und Kindergeburtstage sowie tiergestützte Aktivitäten

AUCH EINE GRUPPE TRAMPELTIERE LEBT IM WIESENTAL DER KISSELMÜHLE.

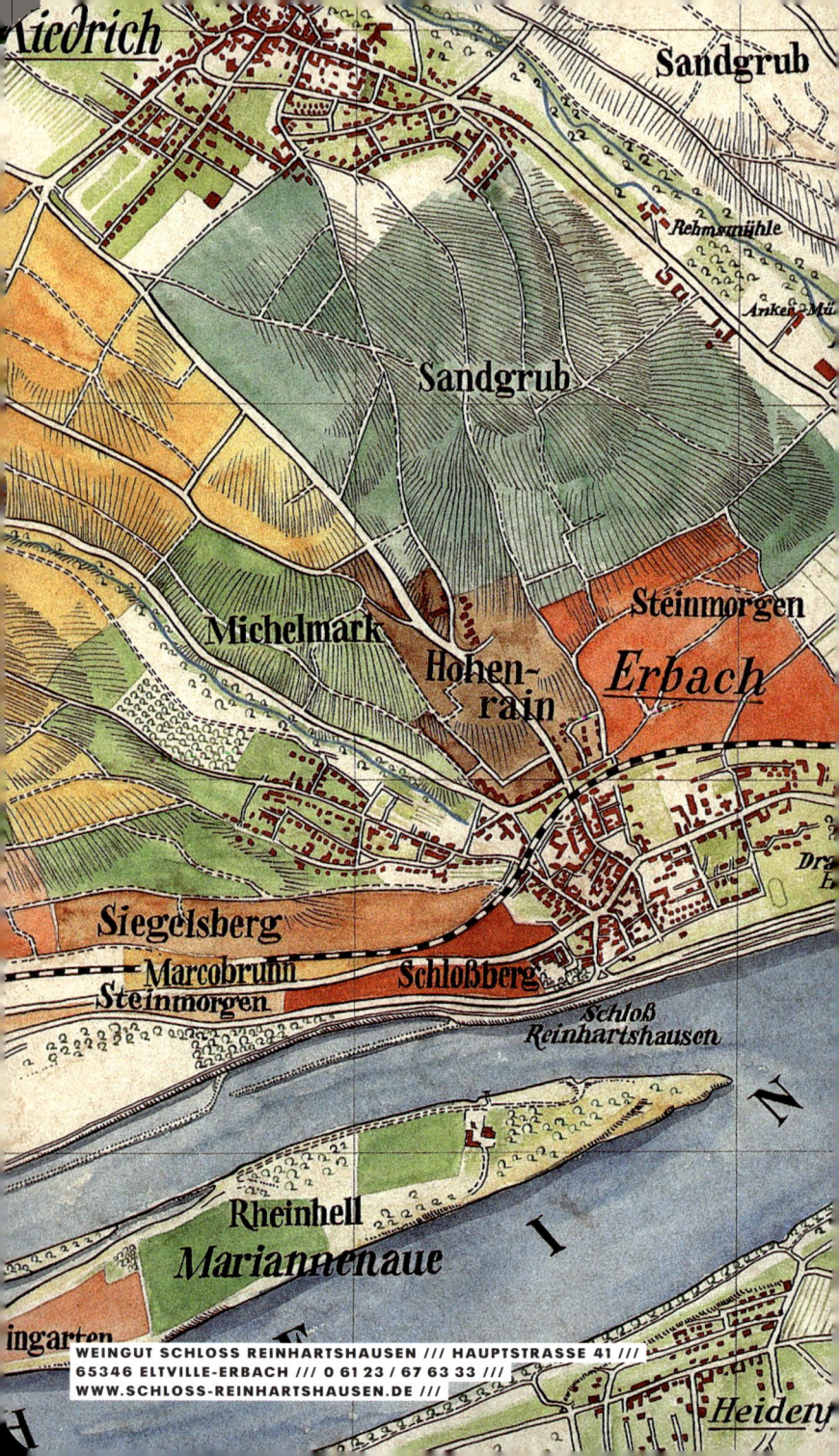

Kiedrich

Sandgrub

Rehmsmühle

Anken Mü

Sandgrub

Michelmark

Steinmorgen

Hohen-
rain

Erbach

Dra
E

Siegelsberg

Marcobrunn

Schloßberg

Steinmorgen

Schloß
Reinhartshausen

N

Rheinhell

Mariannenaue

I

ingarten

WEINGUT SCHLOSS REINHARTSHAUSEN /// HAUPTSTRASSE 41 ///
65346 ELTVILLE-ERBACH /// 0 61 23 / 67 63 33 ///
WWW.SCHLOSS-REINHARTSHAUSEN.DE ///

Heiden

Es war sicherlich kein Zufall, dass Prinzessin Marianne von Preußen, die Tochter des niederländischen Königs Wilhelm I., die anmutige Landschaft des Rheingaus zur Wahlheimat erkor. Nah am Rheinufer, im Erbacher Schloss Reinhartshausen, entdeckte sie ein Domizil für sich und all die Kunstschätze, die sie auf ihren Reisen gesammelt hatte. Und schuf damit auch ein Zuhause für ihren Sohn Johannes Wilhelm. Das einzige Kind, das der Prinzessin geblieben war.

DIE INSEL DER PRINZESSIN VON PREUSSEN

Als Marianne von Preußen das Schloss Reinhartshausen im Jahr 1855 erwarb, war Johannes Wilhelm sechs Jahre alt. Mariannes Ehe mit Prinz Albrecht von Preußen war längst geschieden. Zuvor hatte sie die zahlreichen Affären des Prinzen erdulden müssen und fand Rückhalt bei einem Liebhaber. Zur Scheidung kam es, als sich die Prinzessin zum Vater ihres Sohnes bekannte. Sie musste ihre drei ehelichen Kinder zurücklassen und sich ins Exil begeben. Johannes van Rossum, ehemaliger Oberstallmeister und Sekretär, begleitete seine Lebensgefährtin in das Schloss Reinhartshausen, das 1801 auf dem Sitz der Ritter von Erbach erbaut worden war. Marianne, die Kunstsammlerin, richtete ein Museum für ihre Schätze ein. 1861 verlor sie ihren Sohn Johannes durch eine Lungenentzündung. Marianne, Zeit ihres Lebens sozial engagiert, lebte bis 1883 in Erbach und wurde dort begraben.

Tipp

Inselfahrten um (seltener auf) die **MARIANNENAUE**, sonntägliche Kellerbesichtigungen, ein schöner Park und die Vinothek des Weinguts. Nicht zu vergessen: die ›Schloss Schänke‹ (www.michael-balzer.com).

FÜRSTLICH NÄCHTIGT DER HOTELGAST IM SCHLOSS REINHARTSHAUSEN KEMPINSKI (WWW.SCHLOSS-HOTEL.DE).

Der Prinzessin zum Gedenken nannte man die dem Schloss gegenüberliegende Insel fortan die ›Mariannenaue‹: Die größte Rheininsel, verwöhnt vom milden Klima und ein Rückzugsgebiet für Wasservögel. Früher allgemein für die Landwirtschaft genutzt, wird dort heute ausschließlich vom Weingut Reinhartshausen Weinbau betrieben. Die Bewirtschaftung erfolgt in Absprache mit der Naturschutzbehörde. Trotzdem hat, wer die Insel besuchen möchte, hin und wieder die Gelegenheit dazu: Auf einer der seltenen Inselführungen, die das Weingut veranstaltet. (Mückenschutz ist angeraten!) Öfter ist es möglich, die Mariannenaue vom Wasser aus zu erkunden: Auf einer der Schiffstouren, die im Sommer jeweils sonntags um die Insel herumführen.

Um Jahre zurückversetzt darf sich der Besucher fühlen, der unter hohen Baumkronen den Garten durchschreitet und die Tür zum Gutsausschank öffnet. Im Foyer ein langer, einladender Tisch, die Räume nebenan vom Jugendstil geprägt und auf der gegenüberliegenden Seite der holzvertäfelte Rittersaal. Und nichts davon wirkt dekoriert. Als hätte hier jedes Möbelstück seit jeher seinen Platz eingenommen.

ALS SEI MAN IM 19. JAHRHUNDERT ZU GAST

Heike von Oetinger, seit 1987 Hausherrin im Gutsausschank, genießt die Arbeit und das Leben in dieser stilvollen Atmosphäre. Trotz aller Schwierigkeiten, die zu meistern sind, wenn ein denkmalgeschützter Adelshof zur Bewirtung von Gästen dient. »Die Möbel sind Familienerbstücke. Uns liegt viel daran, das Haus so zu erhalten, wie es ist. Wenn wir etwas renovieren müssen, dann ganz behutsam und im alten Stil.« Ganz auf Neues konnte man nicht verzichten. So wurde ein Gästehaus gebaut, das sich unaufdringlich zwischen die älteren Gebäude fügt. Mit ausgeprägtem Gespür setzen Heike und Christoph von Oetinger in der sechsten Generation die Intentionen vorhergehender Generationen fort. Teile des Hofes stammen aus dem 16. Jahrhundert.

> **Tipp**
>
> Der **ROMANTISCHE GARTEN** bildet einen zauberhaften Rahmen für Hochzeiten und andere Familienfeiern. Und bei Regen? In dem Fall findet die Gesellschaft Zuflucht im nicht minder romantischen Rittersaal. Weinproben? Gibt es natürlich auch.

Auch der Weinbau hat hier eine lange Tradition. Am Anfang wurde nur Fasswein vermarktet. Aus der 1933 eröffneten Straußwirtschaft entwickelte sich in den 50er-Jahren der Gutsausschank. ›Der Alte Oetinger‹, wie Eberhard Ritter und Edler von Oetinger respektvoll genannt wurde, machte sich unter

HEIKE VON OETINGER: »WEIN IST LEBENDIGE NATUR. AUCH IN UNSERER GUTSKÜCHE VERWENDEN WIR UNVERFÄLSCHTE, EHRLICHE ZUTATEN.«

anderem einen Namen mit Wiesbadener Kurhaus-Weinproben und als Auktionator bei Weinversteigerungen. »Mitte der 60er-Jahre zog ein Teil der Familie auf einen nur wenige Schritte entfernten Aussiedlerhof, der ›Junger Oetinger‹ genannt wurde. Als die Generationen wechselten, entstand ein Durcheinander bei den Gästen, welcher nun der junge oder alte Oetinger sei.« Heike und Christoph von Oetinger besannen sich auf den überlieferten Namen ›Maximilianshof‹ – ergänzt durch den Zusatz ›Zum Alten Oetinger‹.

TOURIST-INFORMATION UND KULTURAMT /// RHEINGAUER STRASSE 28 ///
65343 ELTVILLE AM RHEIN /// 0 61 23 / 9 09 80 /// WWW.ELTVILLE.DE ///

Der attraktivste Weinprobierstand Deutschlands liegt am Hattenheimer Rheinufer. Davon sind jedenfalls die Hattenheimer überzeugt. Wer den Weinstand im Grünen rund um das ›Hattenheimer Fass‹ – genauer: drei 10.000-Liter-Fässer – besucht hat, wird kaum widersprechen wollen. Worauf treffen wir außerdem in dem Winzerstädtchen? Auf historische Gassen, schmucke Fachwerkhäuser, noble Restaurants und eine ungewöhnliche Burg.

FACHWERKROMANTIK AM WEINMARKT

Hier macht selbst der Rhein eine Pause, sagt man in Hattenheim, wo der Strom breit genug ist für die größte Insel im Rhein, die Mariannenaue. Oberhalb des Rheinufers liegen die bekannten Weinlagen Nussbrunnen, Wisselbrunnen und Steinberg. Um die 20 Weingüter zählt der Winzerort, der 1972 nach Eltville eingemeindet wurde. Mitten im Ort befindet sich die Burg – von den alteingesessenen Hattenheimern in liebevoller Vereinfachung ›der Bau‹ genannt. Ein ungewöhnlich hoher Kaminaufbau ziert den viergeschossigen Wohnturm aus dem 15. Jahrhundert. Der Grundstein der Burg wurde vermutlich im 12. Jahrhundert gelegt. Instand gesetzt vom Burg- und Verschönerungsverein, kann die Burg

> **Tipp**
>
> Zu den namhaften **HATTENHEIMER RESTAURANTS** gehören die ›Adlerwirtschaft‹ (www.adlerwirtschaft.de), das Landhotel ›Kronenschlösschen‹ (www.kronenschloesschen.de) und das Weinhaus & Hotel ›Zum Krug‹ (www.hotelzum-krug.de).

für Feste und Feiern genutzt werden. Die größte Veranstaltung ist das Burgfest. Die katholische Barockkirche St. Vincenz stammt aus der Mitte des 18. Jahrhunderts. Hattenheims Geschichte ist eng mit dem nahe gelegenen Kloster Eberbach verbunden. Geschichtsträchtig ist auch der Ortskern mit seinen Fachwerkhäusern aus dem 16. bis 18. Jahrhundert. Einen

DER WEINBAU DOMINIERT EINDEUTIG DIE HATTENHEIMER LANDWIRTSCHAFT.

Blickfang bilden das Gasthaus ›Zum Krug‹ und seine Nachbarhäuser am Marktplatz. Die Gassen mit ihren kunstvollen Fachwerkhäusern versetzen uns zurück in die Zeit, als auf diesem Marktplatz mit Wein gehandelt und offensichtlich gut daran verdient wurde. Der Verkauf war streng geregelt. Keinem Winzer war es damals erlaubt, seinen Wein früher als zum Weinmarkt anzubieten. Die im Jahr 1142 gegründete ›Schröderbruderschaft‹ war dafür zuständig, die schweren Fässer aus den Kellern zu den Schiffen zu transportieren.

RHEINGAU MUSIK FESTIVAL KONZERTGESELLSCHAFT MBH /// RHEINALLEE 1 ///
65375 OESTRICH-WINKEL /// WWW.RHEINGAU-MUSIK-FESTIVAL.DE ///

Die ›längste Tafel der Welt‹ im größten Weinberg des Rheingaus. Eine der wertvollsten Weinberglagen, umgeben von einer mächtigen Bruchsteinmauer. Nicht zu vergessen die Musikgruppen, die die Tafelnden beim größten Open-Air-Konzert des Rheingau Musik Festivals unterhalten. Und das alles vor der Kulisse des zauberhaften Rheintals. Wer seinen Platz an der Steinberger Tafelrunde einnimmt, dem ist ein Lieblingsort der Superlative gewiss.

IM LIEBLINGSWEINBERG DER MÖNCHE

Von 1136 bis 1239 hatten die Zisterziensermönche des Klosters Eberbach Landparzellen gekauft und getauscht, bis der gesamte Weinberg – der Steinberg – in den Besitz des Klosters gelangte und mit dem Bau der berühmten Bruchsteinmauer begonnen werden konnte. 1766 war das Bauwerk vollendet. Seitdem schützt die bis zu vier Meter hohe Mauer die wertvollen Trauben vor Langfingern und die Rebstöcke vor den Extremen des Wetters. Der Steinberg, einst der Lieblingsweinberg der Mönche, gehört heute als Domäne Steinberg zu den Hessischen Staatsweingütern Kloster Eberbach. Mit dem hochmodernen Steinbergkeller, der 2010 mit einem Architekturpreis

> **Tipp**
>
> Zu Führungen in den **STEINBERG-KELLER** lädt die Domäne Steinberg an den Wochenenden ein (November bis März nur sonntags, nicht in den Weihnachtsferien, Info unter Tel. 0 67 23 / 6 04 60 und www.kloster-eberbach.de).

ausgezeichnet wurde, stoßen wir auf einen weiteren Superlativ. Über drei Stockwerke verteilt sich die Gesamtfläche von 5.000 Quadratmetern. Der Steinberg gilt als eine der besten Lagen im Rheingau. Auf einer Fläche von 34 Hektar wird ausschließlich Riesling angebaut. Keine Frage also, dass den Gästen der Steinberger Tafelrunde zu der zünftigen Vesper Riesling serviert wird. In

MIT EINER HÖHE VON BIS ZU VIER METERN ZIEHT SICH DIE BRUCHSTEINMAUER RUND UM DEN STEINBERG.

einer 600 Meter langen Reihe schlängeln sich die Tische zwischen den Rebstöcken entlang. 1.200 Menschen rücken zusammen unter den weißen Schirmen, die bei Bedarf sowohl vor Sonne als auch vor Regen schützen sollen. Begeisterte Tafelrundenbesucher lassen sich selbst von schlechtem Wetter nicht abschrecken, um sich inmitten des Weinbergs von Jazz, Swing und Kleinkunst unterhalten zu lassen. Die Steinberger Tafelrunde zählt zu Recht zu den Klassikern des Rheingau Musik Festivals. Eines glaubt man gern: Wer einmal dabei war, kommt wieder.

WEINGUT GEORG MÜLLER STIFTUNG /// PETER WINTER ///
EBERBACHER STRASSE 7 – 9 /// 65347 ELTVILLE-HATTENHEIM ///
0 67 23 / 20 20 /// WWW.GEORG-MUELLER-STIFTUNG.DE ///

Beim ersten Gang durch den Gewölbekeller erkannte Peter Winter: Mit dem Weingut Georg Müller Stiftung ließen sich seine beiden Leidenschaften – der Wein und die Kunst – vortrefflich verbinden. Zum historischen Weingut im Rheingauer Städtchen Hattenheim gehört, neben ausgezeichneten Weinlagen, eben auch dieser Keller, der nun dank seiner beeindruckenden Ausmaße den Exponaten der zeitgenössischen Kunst eine unvergleichliche Heimat bietet.

LICHTOBJEKTE IN VERBORGENEN WINKELN

»Ich wollte für ein Jahr nach England«, erzählt Peter Winter, der sich als junger Bankkaufmann von 21 Jahren auf die Stellenanzeige einer großen Weinvertriebsgesellschaft beworben hatte. »Dass es um Wein ging, war zunächst zweitrangig.« Doch das Thema Wein packte den gebürtigen Schleswig-Holsteiner schnell. Er blieb für zehn Jahre in England, war als 23-Jähriger bereits Verkaufsleiter, ein Jahr später Geschäftsführer und zählte britische Herrenhäuser und Universitäten zu seinen Kunden. Während ihn seine Aufgaben über drei Jahrzehnte lang nach Südamerika und Südafrika, China und Japan führten, entstand der Wunsch, sich mit Anfang 60 mit einem »kleinen, aber feinen Weingut« selbstständig zu machen.

> **Tipp**
>
> Ein 250 Jahre altes Gewölbe, Weinlager und ausgewählte Exponate auf 1.100 Quadratmetern. Der **KUNSTKELLER** kann täglich zu den Öffnungszeiten des Weinguts besichtigt werden (Tel. 0 67 23 / 20 20).

2003 – Peter Winter war inzwischen Vorstandsvorsitzender des Weinvertriebs – erfuhr er, dass in Hattenheim das Weingut Georg Müller Stiftung zum Verkauf stand. Dessen Gründer Georg Müller hatte das Weingut seiner Heimatstadt 1913 mit der Auflage übergeben, die Erlöse den Bedürftigen zukommen zu lassen.

UNTER DEM GEWÖLBE DES HISTORISCHEN RIESENFASSKELLERS FINDEN KUNSTAUSSTELLUNGEN UND PRIVATE FEIERN STATT.

»Ich war bereits in Portugal und Südafrika auf der Suche. Dass es der Rheingau wurde, ist auch deswegen besonders schön, weil Wiesbaden so nah liegt.« Und damit die Galerie, die Peter Winter gemeinsam mit seiner Frau Elvira Winter in den Räumen einer klassizistischen Villa in der Wiesbadener Parkstraße führt. Beim ersten Blick in das unterirdische Weinlager sei er sicher gewesen, auch die Künstler würden von diesem außergewöhnlichen Ausstellungsraum begeistert sein, erinnert sich der erfolgreiche Winzer und Kunstförderer, der während einer Auszeit für einige Monate selbst ein Künstlerleben geführt hat.

Das älteste gemauerte Wohnhaus Deutschlands steht in Oestrich-Winkel. Das ›Graue Haus‹ soll bereits Bischof Rabanus Maurus beherbergt haben, der im Jahr 850 in Winkel tätig war. Was zumindest zeitlich passen könnte. Bei Ausgrabungen stieß man auf Mauerreste aus dem 7. und 9. Jahrhundert. In der Nachbarschaft des ›Grauen Hauses‹ lassen sich weitere bedeutende Baudenkmäler entdecken: Zeitzeugen einer Kulturlandschaft mit weit zurückreichender Vergangenheit.

DEUTSCHLANDS ÄLTESTES STEINHAUS

Mit Freude nahm Johann Wolfgang von Goethe, während er in Wiesbaden zur Kur war, die Einladung in ein Winkeler Landgut an. Dort pflegte die Familie von Brentano ein offenes Haus für die Persönlichkeiten ihrer Zeit. Die Räume, in denen damals Literaten und Dichter, Künstler und Wissenschaftler zu Gast waren, blieben im Kern unverändert erhalten und vermitteln heute ein Bild des gesellschaftlichen Lebens im 18. und 19. Jahrhundert. Dem Brentanohaus gegenüber liegt die Brentanoscheune, eine ehemalige Lohgerberei, gebaut um 1751 und von Bettine von Brentano aufgrund der wenig angenehm riechenden Lederverarbeitung die ›Hölle‹ genannt.

> **Tipp**
> Einen Einblick in die historischen Räume ihres **WINKELER LANDGUTS**, in dem bereits Goethe zu Gast war, bietet die Familie von Brentano bei Führungen, Weinproben und Lesungen (www.brentano.de).

Der Verein ›KulturHölle‹ setzte sich für die Sanierung der Scheune ein. Mit der neuen Nutzung sieht die Brentanoscheune einer sicheren Zukunft entgegen und steht für kulturelle Veranstaltungen und Feste zur Verfügung. Ein anderes Industriedenkmal begegnet uns am Rheinufer und wird von der Durchgangsstraße vom Ortskern getrennt.

DIE BASILIKA IM OESTRICH-WINKELER ORTSTEIL MITTELHEIM WURDE IN DEN JAHREN 1110 BIS 1131 ERRICHTET.

Der Oestricher Kran – mit dem Baujahr 1744 ein Zeitgenosse der Brentanoscheune und gelegentlich zu besichtigen – wurde bis 1926 zum Be- und Entladen der Schiffe benutzt. Hinter der dunklen Bretterverschalung verbirgt sich eine Technik, die bei weitem älter ist und in dieser Art schon von den Römern verwendet wurde. Zwei riesige Holzräder, von Menschenbeinen in Gang gehalten, bewegten die Lasten, die, neben Holz aus dem Taunus, vorwiegend aus Weinfässern bestanden. Den Weinfässern kommt im Ort nach wie vor eine bedeutende Funktion zu. Oestrich-Winkel nennt sich selbst die ›größte Weinstadt Hessens‹.

WEINGUT: /// WEIN- & SEKTGUT /// F. B. SCHÖNLEBER ///
BERND & RALF SCHÖNLEBER GBR /// OBERE ROPPELSGASSE 1 ///
65375 OESTRICH-WINKEL /// 0 67 23 / 34 75 ///
WWW.FB-SCHOENLEBER.DE ///

HOTEL UND WEINSTUBE: /// WEIN- & SEKTHAUS /// F. B. SCHÖNLEBER ///
BERND & RALF SCHÖNLEBER GBR /// HAUPTSTRASSE 1B ///
65375 OESTRICH-WINKEL /// 0 67 23 / 9 17 60 ///
WWW.FB-SCHOENLEBER.DE ///

Zwei große Besonderheiten begegnen dem Besucher im Wein- und Sektgut F. B. Schönleber in Oestrich-Winkel. Zum einen der Sekt, dessen Erzeugung neben dem Wein eine immer gewichtigere Rolle spielt. Zum anderen die Weinstube im Gutsausschank, die im original österreichischen Stil ausgestattet ist. Und die kleinen Besonderheiten? Zeigen sich unter anderem darin, dass dieses Weingut ein Familienbetrieb im wahrsten Sinn des Wortes ist. Zwei Brüder, deren Ehefrauen und die Eltern: Alle arbeiten Hand in Hand im Weingut und zum Wohl der Gäste.

RHEINGAUER SEKTLEIDENSCHAFT

Auch zur ›Familiensektprobe‹ kommen alle zusammen, unterstützt von den Mitarbeitern, wenn es gilt, die Sekte genau abzustimmen. Was weniger als geselliges Beisammensein gedacht ist, sondern höchste Konzentration und Fachkenntnisse erfordert. Und die vielen aufwändigen Arbeitsschritte krönt, die nötig sind, damit sich beste Weine in hervorragende Sekte verwandeln. »Wir verwenden ausschließlich eigene Trauben«, erzählt Bernd Schönleber, der Weinbauingenieur, der das Weingut gemeinsam mit seinem Bruder Ralf leitet, einem Weinbautechniker. »Bei uns wird der Sekt in der klassischen Methode hergestellt. So, wie in der Champagne gearbeitet wird.« Nicht nur für den Rheingau, sondern für ganz Deutschland eine außergewöhnliche Art der Herstellung, die einen hohen Aufwand erfordert. Der Lohn der Brüder Schönleber: Wiederholte Auszeichnungen als ›Beste Sekterzeuger‹ bei der Bundessektprämierung und viele weitere

> **Tipp**
>
> Dreierlei Arten von Weinproben (ab 10 Personen) erwarten den Gast. Die ›**SCHLENDERWEINPROBE**‹ führt durch die Stationen des Weinguts. Das Sektmachen erfährt man aus erster Hand während der ›Rheingauer Schlemmerwochen‹, jeweils im Mai.

20.000 FLASCHEN SEKT VERLASSEN JÄHRLICH DAS WEINGUT. JEDE EINZELNE ÜBER WOCHEN VON HAND GERÜTTELT.

Preise, auch für die Weine. Es ist ein vergleichsweise junger Betriebszweig des Weinguts, das sich seit 1783 im Familienbesitz befindet und dank der fünf Kinder sicherlich eine gute Zukunft vor sich hat. Mitte der 1990er-Jahre kam das Hotel dazu. »Mein Vater ließ uns immer freie Hand«, sagt Bernd Schönleber. Ein Vertrauen, das sich ebenso bewährte, als Franz Schönleber einem österreichischen Schreiner die Ausstattung der Weinstube überantwortete. Mit einem Ergebnis, das sich sehen lassen kann.

SCHLOSS VOLLRADS GMBH & CO. BESITZ KG /// VOLLRADSER ALLEE ///
65375 OESTRICH-WINKEL /// 0 67 23 / 6 60 ///
WWW.SCHLOSSVOLLRADS.COM ///

Am 18. November 1211 wechselte eine Ladung Fässer den Besitzer: Wein aus Vollrads, der dem Mainzer St. Viktorstift übergeben wurde. Der Bau des Schlosses Vollrads lag noch in ferner Zukunft. Der Wohnsitz des Geschlechts von Greiffenclau, das sich bis ins Jahr 1097 zurückverfolgen lässt, war damals das ›Graue Haus‹ in Winkel. Der wuchtige Turm, inzwischen das Wahrzeichen des Schlosses, wurde ›erst‹ 1330 auf römischen Fundamenten errichtet.

EDLER RIESLING UNTER GOETHES ›WUNDERLICHEM‹ TURM

Über 800 Jahre lag der Weinbau rund um Schloss Vollrads in der Hand einer Familie. Bis zum Jahr 1997, als nach dem Tod des letzten Erben ein Bankinstitut das gesamte Anwesen übernahm. Erwein Graf Matuschka-Greiffenclau hatte den Familienbesitz in der 27. Generation geführt.

Schon aus der Ferne beeindrucken den Betrachter die Silhouetten des Schlosses und des Turms. In angemessenem Abstand stehen beide Gebäude beieinander wie zwei gleichwertige Partner: Neben dem quadratischen Turm das um 350 Jahre jüngere Herrenhaus, das 1684 einschließlich der Kelleranlagen für den Weinausbau errichtet und

> **Tipp**
>
> Die Rieslingweine kennenlernen kann man in der **VINOTHEK IM KUTSCHERHAUS**. Oder im Gutsrestaurant, dessen restaurierte Räume uns in frühere Zeiten zurückversetzen (www.gutsrestaurant-schlossvollrads.de, Tel. 067 23 / 52 70).

zu Beginn des 20. Jahrhunderts um ein Stockwerk erhöht und um zwei Türme erweitert wurde. Bis heute wird in einem der ältesten Weingüter

AUSSCHLIESSLICH RHEINGAUER RIESLINGWEINE WERDEN IN SCHLOSS VOLLRADS AUSGEBAUT.

der Welt, das im Mittelalter seine Weine bis nach Norddeutschland lieferte, der Weinbau gepflegt. Wer diese an Geschichte so reichen Gebäude näher kennenlernen möchte, kann zum Beispiel eine Schlenderweinprobe besuchen, die in sonst nicht frei zugängliche Winkel führt. Einmal im Jahr wird zur Weinlese eingeladen, inklusive einer zünftigen Weinbergsvesper. Keine Frage: Ein Kulturdenkmal wie Schloss Vollrads zu erhalten, kostet sehr viel Geld. Geld, das unter anderem von einem Förderverein aufgebracht wird, der sich um die Turmuhr, die Bibliothek und die Ausstattung des Schlosses bemüht. Mit dem Ziel, der Nachwelt das gesamte Anwesen zu erhalten, zu dem auch jener Turm gehört, den Goethe während seiner Rheinreise 1814 besuchte und als ›wunderlich‹ beschrieb.

In Geisenheim dreht sich alles um den edlen Riesling und seine Geschwister. Nicht allein in den über 30 Weingütern, den zahlreichen Restaurants und Straußwirtschaften: In der renommierten Forschungsanstalt Geisenheim wird seit 1872 über das Thema Weinbau geforscht. Den Mittelpunkt des Städtchens bildet der über 600 Jahre alte Lindenbaum auf dem Geisenheimer Marktplatz.

LINDENSTADT MIT GROSSEM HERZEN FÜR WEIN

Von Weitem zieht der prachtvolle Rheingauer Dom die Blicke auf sich. Die spätgotische Hallenkirche wurde zu Beginn des 16. Jahrhunderts auf den Grundmauern einer romanischen Kirche errichtet. Im frühen Mittelalter war die Stadt zu einigem Reichtum gekommen. Heute erinnert ein Fachwerkhaus in der Zollstraße an den ›Pfefferzoll‹, den jedes vorbeischippernde Schiff mit einem Säckchen des kostbaren Gewürzes zu entrichten hatte. Mit der Altstadtsanierung, die 1975 in Angriff genommen wurde, meisterte Geisenheim in seiner jüngsten Geschichte einen Kraftakt. Mit Gespür sollten die Sanierungsmaßnahmen ablaufen, ohne wesentlich in den Stadtgrundriss einzugreifen. Zu den Projekten gehörte die Görisch-Scheune,

> **Tipp**
>
> Vier Tage im Juli wird das **LINDENFEST** mit einem Programm rund um Wein und Musik sowie mit einem Jahrmarkt gefeiert. Währenddessen verkehrt der Winzerexpress in allen Stadtteilen (www.geisenheimer-lindenfest.de).

heute der Kulturtreffpunkt ›Die Scheune‹. Wer auf eine ausgesprochen exklusive Weise feiern möchte, dem bietet sich das Schloss Schönborn an. Sein Standort mitten in den Weinbergen ist charakteristisch für die herrschaftlichen Häuser des Rheingaus. Wer kann und möchte, mietet das Renaissance-

IM WEINGUT DER FORSCHUNGSANSTALT WERDEN NEBEN DEM TYPISCHEN RIESLING WEITERE REBSORTEN ANGEBAUT UND GEKELTERT.

Schlösschen für ein Familienfest oder eine Tagung – und bucht dazu viel leicht eine individuelle Sightseeing-Tour durch den Rheingau. Unterwegs wird man die Forschungsanstalt für Garten- und Weinbau passieren, die 1872 vom Freiherrn Eduard von Lade gegründet wurde. Der gebürtige Geisenheimer, der durch Erbschaft und Geschäftssinn zu einem beträchtlichen Vermögen gekommen war, baute sich als Ruhesitz nahe am Rheinufer die Villa Monrepos, ein klassizistisches Herrschaftshaus, umgeben von einer weitläufigen Parkanlage.

STADTVERWALTUNG GEISENHEIM /// RÜDESHEIMER STR. 48 ///
65366 GEISENHEIM /// 0 67 22 / 70 10 /// WWW.GEISENHEIM.DE ///

Johannisberg liegt ein Stück oberhalb des Rheins, inmitten grenzenlos wirkender Weinberge und umrahmt von den drei weithin sichtbaren Bauwerken Burg Schwarzenstein, Schloss Hansenberg und dem berühmten Schloss Johannisberg. Hintereinander reihen sich die Ortsteile Grund, Berg und Schloßheide. Ob Wohnhaus oder Baudenkmal: Vor beinahe jeder Fassade wächst ein Rosenstock.

NICHT NUR ZUR ROSENBLÜTE EINEN BESUCH WERT

Ein Anfang, der sich belegen lässt, ist die Gründung eines Benediktinerklosters auf dem Johannisberg um das Jahr 1105, das im Lauf der Jahrhunderte zur Entwicklung des Dorfes Johannisberg führte und später zur zweiten Siedlung Grund. Das Kloster wird im 16. Jahrhundert aufgegeben. 1716 erwirbt die Abtei Fulda das ehemalige Klosteranwesen und lässt auf dem Johannisberg das gleichnamige Schloss erbauen, das sich bis heute seine Weinbautradition bewahren konnte. Ein Stück unterhalb des Schlosses, oberhalb von Grund, steht das Kloster Johannisberg, ein komplexes Gebäude mit imposantem Kirchenbau und einer vergleichsweise kurzen, dennoch wendungsreichen Geschichte. Zur Mitte des 19. Jahrhunderts, als sich der Ort ›Bad Johannisberg‹ nennen durfte, wurde das Haupthaus als Kurhaus gebaut. Lange währte diese Art der Verwendung nicht. 1920 nahmen sich Nonnen des Benediktinerordens des verlassenen Gebäudes an und nutzten es ab 1928 für einige Zeit als Kirche. Seit 2004 ist im ehemaligen Kloster Johannisberg ein Restaurant und Hotel untergebracht; ebenso wie in der Burg Schwarzenstein, die keine ›richtige‹ Burg ist, sondern von der Familie Mumm, den Begründern der gleichnamigen Sektdynastie, zum Ende des 19. Jahrhunderts als romantische Burgruine gebaut wurde. Das Schloss Hansenberg erfüllt heute wieder weitgehend den Zweck, den sein Erbauer, der Johannisberger Pädagoge und Pestalozzi-Schüler Johannes de Laspée, bereits 1824 vorgesehen hatte: Ein Ort zum Leben und Lernen. Ursprünglich sollte Schloss Hansenberg Waisenkindern eine Heimat geben. Gegenwärtig leben hier Internatsschüler.

> **Tipp**
>
> Der ›MÜHLENWEG IM ELSTERBACHTAL‹ führt auf fünf Kilometern durch Wald und Weinberge (kein Schatten!). Für unterwegs empfiehlt sich die ausführliche Wegbeschreibung (www.geisenheim.de/tourismus/wanderungen).

KAFFEEGENUSS AUF WIENER ART BIETET DAS ›CAFFEEHAUS MOSER‹ IN DER ROSENGASSE.

Ob die Terrasse, wie die Reiseführer schreiben, tatsächlich einen der schönsten Ausblicke in den Rheingau bietet? Eine Ankündigung, die neugierig macht auf einen Besuch des hoch über dem Rheintal gelegenen Schlosses, das außerdem für seine erlesenen Rieslingweine berühmt ist. Sowie berühmt dafür, dass auf dem Johannisberg die Spätlese erfunden wurde. Das Denkmal des Spätlesereiters im Wirtschaftshof des Schlosses erinnert an das folgenreiche Ereignis im Jahr 1775.

VERSPÄTUNG MIT FOLGEN

Der Herbst des Jahres 1775 muss den Kellermeister des Schlosses gehörig ins Schwitzen gebracht haben. Und das nicht allein aufgrund der letzten schönen Sonnentage. Nein, die Trauben auf dem Johannisberg waren längst reif zur Lese. Doch ohne die Erlaubnis des im fernen Fulda ansässigen Schlossherren, eines Kirchenfürsten, durfte mit der Ernte nicht begonnen werden. Wo blieb der Bote, der deswegen ausgeschickt worden war? Während die Trauben reif und reifer wurden und zu faulen begannen, waren dem Kellermeister die Hände gebunden. Man mag sich seine Verzweiflung vorstellen. War es Trotz oder Weitsicht, was ihn schließlich bewog, die verfaulten Trauben lesen zu lassen, nachdem der Bote mit wochenlanger Verspätung endlich eingetroffen war? Das Ergebnis strafte alle Befürchtungen Lügen: Der Wein schmeckte köstlich. Die Spätlese war geboren und wird seitdem nicht nur im Schloss Johannisberg planmäßig gekeltert. Der unter Druck geratene Kellermeister stand schon damals in einer langen Tradition. Seit mindestens 900 Jahren wird auf dem Johannisberg Wein angebaut. Zuerst von den Mönchen eines Benediktinerklosters, später von den wechselnden Herren der im Jahr 1716 gebauten dreiflügeligen Schlossanlage. In jüngerer Zeit unterstand das Schloss Paul Alfons Fürst von Metternich und seiner Frau Fürstin Tatiana, die sich dafür einsetzten, die im zweiten Weltkrieg zerstörten Schlossgebäude wieder aufzubauen. Zur Freude der Besucher, die sich vor der Gutsschänke einfinden, um der eingangs gestellten Frage nachzugehen. Die Antwort heißt ja.

> **Tipp**
>
> Ungezwungen geht es zu im Weinausschank im **INNENHOF**. Einen wunderschönen Ausblick ins Rheintal bietet die verglaste Terrasse der Gutsschänke. Außerdem werden Führungen und Weinproben im historischen Weinkeller angeboten.

DIE VINOTHEK HÄLT ALLE AKTUELLEN WEINE DES SCHLOSSES ZUM VERKOSTEN UND KAUFEN BEREIT.

WEINGUT TRENZ /// MICHAEL TRENZ /// SCHULSTRASSE 1 ///
65366 JOHANNISBERG /// 0 67 22 / 75 06 30 ///
WWW.WEINGUT-TRENZ.DE ///

Es ist das eine, in eine seit Jahrhunderten bestehende Weinbautradition hineingeboren zu werden. Das andere, mit 18 Jahren ins kalte Wasser geworfen zu werden und mit einem Mal Winzer zu sein. Michael Trenz hat beides erfahren. Wenn überhaupt, bereut er, dass er als Winzerlehrling nicht ins Ausland gehen konnte. Am Berufswunsch selbst hatte es niemals Zweifel gegeben. Und der Traum, den Weinbau auf der anderen Seite des Äquators kennenzulernen, ließ sich inzwischen erfüllen.

AUF ALTEN UND NEUEN WEGEN

Seit 1670 baut die Familie Trenz in Johannisberg Wein an. Eine Familiengeschichte, die eine hohe Verantwortung birgt. So war auch Michael Trenz bereits als Kind in Weinberg und Keller immer dabei – aus Freude, nicht aus Pflichtgefühl. »Die Begeisterung für diesen Beruf lässt sich nicht erzwingen«, sagt der Winzer, der seinen beiden eigenen Kindern die Entscheidung einmal offenlassen möchte. Die Erkrankung des Vaters zwang den Sohn, das Weingut viel früher als geplant zu übernehmen. »Es ging gerade so. Jünger hätte ich nicht sein dürfen.« Die Mutter unterstützte den Sohn, der seine Winzerlehre in Assmannshausen und Kiedrich absolvierte und anschließend in Bad Kreuznach Weinbautechnik studierte, und arbeitet bis heute im Betrieb mit. Der mediterran anmutende Innenhof und die Gasträume in ihrer zurückhaltenden Eleganz tragen die Handschrift von Michael Trenz' Ehefrau Bo Maria, einer studierten Architektin. »Wir wollten uns öffnen und Transparenz zeigen, ohne die Ursprünglichkeit aufzugeben«, erläutert Michael Trenz das Konzept. Ein klares Ziel, wie er es ebenso für seine Weine verfolgt, die in der Fachpresse für Aufsehen sorgen. ›Entdeckung des Jahres‹, lobte der Gault Millau. Und der Traum, in die Welt zu reisen? Auch das ist geglückt: Mit eigenen Weinbergen in Südafrika. »Im Februar bei der Weinlese die Sonne genießen und auf den Tafelberg schauen, das ist wie Urlaub«, schwärmt Michael Trenz, der damit einen weiteren Meilenstein in der dreieinhalb Jahrhunderte währenden Familiengeschichte setzt.

> **Tipp**
>
> Neben regionalen Gerichten bietet der Küchenchef des Gutsausschanks ausgefallene Spezialitäten, bereichert vom gutseigenen Wein. ›NIKOLAUS-JAZZ‹ und vorweihnachtliche Weinproben sind feste Programmpunkte.

EINE MÜHEVOLLE ARBEIT, DIE SICH LOHNT: DIE STEILLAGEN PRÄGEN DEN CHARAKTER DER MINERALISCHEN WEINE.

FRANZISKANERKLOSTER MARIENTHAL /// 65366 GEISENHEIM ///
0 67 22 / 9 95 80 /// WWW.FRANZISKANER-MARIENTHAL.DE ///

Ein zurückhaltender Kirchenbau, ein Pilgerplatz im Freien und ein Garten, der sanft in den Wald übergeht: Sich vom Zauber dieses Ortes inmitten der Natur umfangen zu lassen, ist weniger eine Frage des Glaubens – zumal an den stillen Tagen. Dass es hier zuweilen überaus betriebsam zugehen kann, lassen die engen Bankreihen unter freiem Himmel ebenso ahnen wie die Lautsprecher auf der sich anschließenden Wiese. Das Kloster Marienthal zählt zu den ältesten Wallfahrtsorten Deutschlands.

EIN ORT DES INNEHALTENS

Marienthal verdankt seine Bedeutung als Wallfahrtsort einer wundersamen Heilung und einem in Holz geschnitzten Marienbild, das hier seit 700 Jahren beheimatet ist. Wie eine Überlieferung berichtet, betete im Jahr 1309 ein Mann namens Hecker Henn unter diesem Bild. Bei einem Unfall erblindet, hatte sich der Jäger in das Waldtal zu einem Baum führen lassen, in dem das Marienbild angebracht war – wie er sich gut erinnerte. Als er sich nach dem Gebet erhob, konnte er wieder sehen. Aus Dankbarkeit für die Heilung seines Jägers ließ der Junker Hans Schaffrait im Tal eine Kapelle bauen, die bald nicht mehr ausreichte für all die Menschen, die sich in ihrer Not dem Marienbild anvertrauten. Daraufhin wurde eine Kirche gebaut und 1330 geweiht. In den folgenden Jahrhunderten kamen viele Pilger nach Marienthal. 1624 wurde die Kirche durch ein Feuer beschädigt. Die Folgen des Dreißigjährigen Krieges setzten dem Gebäude weiterhin zu. Das Marienbild war inzwischen in die Geisenheimer Kirche gebracht worden. Als man im Jahr 1782 damit begann, die Marienthaler Kirche abzureißen, kam es zu einem tödlichen Unfall. Ein Maurer wurde von einem herabstürzenden Gewölbe erschlagen. Die entsetzten Handwerker verweigerten die Arbeit. Die Kirchenruine blieb stehen und diente weiterhin als Wallfahrtsort, bis sie 1846 in den Besitz des Fürsten von Metternich gelangte. 1858 wurde die wiederaufgebaute Kirche geweiht und das Marienbild nahm seinen angestammten Platz wieder ein. Nach vielen wechselnden Herren leben heute Brüder des Franziskanerordens im Kloster Marienthal.

> **Tipp**
>
> Das **KLOSTER** ist ein guter Ausgangspunkt für Wanderungen. Der Kirche gegenüber befindet sich das ›Waldhotel Rheingau‹, ein ehemaliges Pilger- und heute 4-Sterne-Hotel mit Wellness-Angebot (www.waldhotel-gietz.de).

DER KREUZWEG IM TALGRUND STAMMT VON 1859. AUF DEM PILGERPLATZ WERDEN GOTTESDIENSTE UNTER FREIEM HIMMEL GEHALTEN.

WEINGUT ROSENHOF /// ›BEI DEN WEISSEN RÄDERN‹ /// FAMILIE PREUHS ///
AM ROSENGÄRTCHEN 7 /// 65366 GEISENHEIM-MARIENTHAL ///
0 67 22 / 84 84 /// WWW.ROSENHOF-GEISENHEIM.DE ///

Wer im niedersächsischen Bad Bentheim aufwächst, dem ist die Liebe zum Wein nicht unbedingt in die Wiege gelegt. »Ich mochte keine Weintrauben, und die roten Hände bei der Weinlese fand ich schrecklich.« Giuliana Preuhs ließ sich davon nicht abschrecken und reiste jedes Jahr zur Weinlese nach Italien, um auf dem Weingut der Patenfamilie auszuhelfen. Die frühe Abneigung wich bald der Begeisterung. Heute ist die junge Winzerin auf dem eigenen Weingut zu Hause.

EINE JUNGE FRAU ENTDECKT DEN WEIN

Giuliana Preuhs zog nicht alleine in den Rheingau. Die Eltern Marianne und Jürgen Preuhs und Lebensgefährte Sebastian Wunsch begleiteten sie. Doch bevor es dazu kommt, beginnt Giuliana ein Weinbaustudium an der Hochschule in Geisenheim. Bei einem Besuch fahren die Eltern nach Marienthal hinauf. Der ›Rosenhof‹ hat noch keine Gästezimmer, aber das Weingut mit den markanten weißen Wagenrädern vor der Hofeinfahrt bleibt in Erinnerung – und wird später wiederentdeckt, als Sebastian Wunsch im Internet auf das Verkaufsangebot für ein Weingut stößt. Die einzigartige Lage und ›einer der drei schönsten Ausblicke im Rheingau‹ geben den Ausschlag. »Nach der Entscheidung ging alles viel schneller, als wir gedacht hatten«, erinnert sich Jürgen Preuhs, der mit 60 Jahren den Schritt zum Neuanfang wagte. So wird der ›Rosenhof‹ seit Januar 2007 gemeinsam von der Familie Preuhs und Sebastian Wunsch geführt; nach aufwendigen Renovierungen. »Jeder hat seine Aufgabe gefunden«, erzählt Jürgen Preuhs. »In Weinberg und Keller. Im Gutsausschank, den 2008 neu geschaffenen Gästezimmern und der Vinothek«. Die Winzerin Giuliana Preuhs, der besonders die Rotweine am Herzen liegen, fesseln vor allem die Arbeiten im Weinkeller. »Dort kann ich kreativ sein. Ich möchte beweisen, dass auch der Rheingau einen gehaltvollen, kräftigen Spätburgunder hervorbringen kann.« Ein langfristiges Ziel, für das sie – tatkräftig unterstützt vom Lebenspartner und den Eltern – die Geduld gern aufbringen wird. Mit dem ›Rosenhof‹ steht die junge Winzerin am Anfang ihres Berufslebens.

> **Tipp**
>
> Auf dem ›Rosenhof‹ für ›**DREI TAGE WINZER SEIN**‹. Oder lieber eine Rebstock-Patenschaft übernehmen? Im Gutsausschank gibt es Veranstaltungen von der Lesung bis zum Lichterfest, Adventsfrühstück und sogar ein Oktoberfest.

EINE JUNGE ROTWEIN-CUVÉE IST DIE SPEZIALITÄT DER ›FRISCHLING-TAGE‹ MIT START JEWEILS AM 11. NOVEMBER.

RÜDESHEIM TOURIST AG /// **GEISENHEIMER STRASSE 22** ///
65385 RÜDESHEIM AM RHEIN /// **0 67 22 / 90 61 50** ///
WWW.RUEDESHEIM.DE ///

Für die einen ›viel zu touristisch‹. Für andere eine der herausragenden Etappen auf der Tour durch Europa. Wie auch immer: An Rüdesheim kommt nicht vorbei, wer den Rheingau gesehen haben will. Abseits des Trubels in der berühmten Drosselgasse lassen sich ruhigere Winkel entdecken. Und zwischen all den Souvenirläden und Weinstuben bezeugen historische Gebäude die mittelalterliche Blütezeit, als der Zoll die Stadtkasse füllte.

ZWISCHEN ADELSHÖFEN UND DROSSELGASSE

Rüdesheim, das Tor zum Mittelrheintal: Die weltberühmte Stadt am Rhein erweist sich als Eintrittspforte in ›eine Kulturlandschaft von großer Vielfalt und Schönheit‹, wie das Welterbekomitee der UNESCO das Obere Mittelrheintal würdigte. Eine Landschaft, die über einen außergewöhnlichen Reichtum an kulturellen Zeugnissen verfügt. ›Seit zwei Jahrtausenden stellt das Mittelrheintal einen der wichtigsten Verkehrswege für den kulturellen Austausch zwischen der Mittelmeerregion und dem Norden Europas dar‹, urteilte die UNESCO. Wie sich die neuzeitlichen Verkehrswege als Segen und Fluch zugleich erweisen, spürt unmittelbar, wer entlang der touristisch ausgerichteten Restaurants und Andenkenläden über die

> **Tipp**
>
> ›Rüdesheim bei Nacht‹ führt mit der Seilbahn hinauf zum **NIEDERWALDDENKMAL**, ergänzt durch eine kurze Stadtführung, Sekt und Mitternachtssüppchen (Termine und Info bei der Tourist Information, Tel. 06722/906150).

Rheinstraße spaziert und Autoschlangen und Bahnschienen kreuzen muss, um zum Schiffsanleger zu gelangen. Von dort starten die Ausflugstouren zur Loreley und weiteren Zielen. Ein Stück flussaufwärts legt die Autofähre nach Bingen ab.

RÜDESHEIMER KAFFEE UND ASBACH-PRALINEN GEHÖREN ZU DEN SPEZIALITÄTEN DER BEKANNTESTEN STADT AM RHEIN.

Wer die Drosselgasse durchquert hat, entdeckt allerlei Sehenswertes wie zum Beispiel das Mittelalterliche Foltermuseum, das über die damalige Rechtsgeschichte und die Hexenverfolgung Auskunft gibt. Unbeschwert geht es im Spielzeug- und Eisenbahnmuseum zu, in dem uns der romantische Rhein der 1930er- und 1950er-Jahre im Modell begegnet. Lohnenswert ist ein Besuch in ›Siegfried's mechanischem Musikkabinett‹ im Brömserhof (Seite 137). Nicht zu vergessen das Weinmuseum in der Brömserburg (Seite 135). Beinahe ein Muss in einer Stadt, in der seit 1.000 Jahren der Weinbau zu Hause ist.

RHEINGAUER WEINMUSEUM BRÖMSERBURG ///
65385 RÜDESHEIM AM RHEIN /// RHEINSTRASSE 2 /// 0 67 22 / 23 48 ///
WWW.RHEINGAUER-WEINMUSEUM.DE ///

Zu den ältesten Gebäuden der Stadt gehört die Brömserburg, die nicht nur selbst ein Museum ist, sondern auch ein Museum beherbergt. Das Rheingauer Weinmuseum präsentiert seine Exponate in dem wuchtigen Kubus, der vor 1000 Jahren dem Erzstift Mainz angehörte und später zum Stammsitz der Rüdesheimer Ritter wurde. Bei einem Gang durch die Ausstellung erlebt der Besucher Geschichte auf zweierlei Weise.

SCHÄTZE RUND UM DEN WEIN

Eine Ritterburg? So ganz ohne spitze Giebel und Türme, ohne Zinnen und Erker? Auch die Lage überrascht. Wer die Brömserburg besuchen will, muss keinen Berg erklimmen. Die ›Niederburg‹ liegt nur wenige Schritte abseits der Altstadt in der Nähe des Rheinufers. Ein abweisend erscheinendes Relikt früherer Zeiten – scheinbar unbeeindruckt vom vorbeirauschenden Autoverkehr. Hinter den meterdicken Mauern herrscht Stille. Den Blick auf die Außenwelt erhascht der Besucher durch winzige Fensternischen. Als die Burg gegründet wurde, lag das Rheinufer um mehrere Meter tiefer als heute. Die passende Lage für eine Zollburg, der ursprüngliche Zweck der Anlage. Man vermutet, dass der erste Wohnturm auf den Grundmauern

2.000 AUSSTELLUNGSSTÜCKE rund um den Wein erwarten den Besucher in und rund um die Brömserburg. Dazu gehören Arbeitsgeräte ebenso wie kostbare Gläser. Wen wundert es, dass auch eine Weinprobe angeboten wird?

Tipp

eines spätrömischen Wachturms errichtet wurde. Es gab eine Brücke zum gegenüberliegenden Kastell Bingium, dem heutigen Bingen. Im 11. und 12. Jahrhundert baute das Erzstift Mainz die Burganlage zu einer dreigeschossigen Vierflügelanlage aus.

DAS WEINMUSEUM ÖFFNET VON MITTE MÄRZ BIS ENDE OKTOBER TÄGLICH. IM WINTER GRUPPENFÜHRUNGEN AUF VEREINBARUNG.

Die Burg diente den Mainzer Erzbischöfen als Verwaltungssitz, bevor sich im 13. Jahrhundert ein Rüdesheimer Adelsgeschlecht niederließ, nach dessen Nachfahren, den ›Brömsern‹, die Burg benannt wurde. Im Dreißigjährigen Krieg wurde der Eckturm der Brömserburg zerstört und die danach unbewohnte Burg verfiel. 1811 erwarben die Reichsgrafen von Ingelheim die Brömserburg – die beginnende Romantik machte die Burg als Wohnsitz attraktiv. Seit 1940 ist die Burg im Besitz der Stadt Rüdesheim und sie wird seit 1950 vom Rheingauer Weinmuseum genutzt. Ein einzigartiges Domizil für ein Museum dieser Art.

SIEGFRIED'S MECHANISCHES MUSIKKABINETT GMBH & CO. MUSEUM KG ///
IM BRÖMSERHOF /// OBERSTRASSE 29 /// 65385 RÜDESHEIM AM RHEIN ///
0 67 22 / 4 92 17 /// WWW.SIEGFRIEDS-MUSIKKABINETT.DE ///

Der Besuch in ›Siegfried's Mechanischem Musikkabinett‹ im Rüdesheimer Brömserhof ist nichts für eilige Leute. Das private Museum kann ausschließlich im Rahmen einer Führung besichtigt werden. Aus gutem Grund: Während des dreiviertelstündigen Rundgangs kommen mechanische Instrumente aus drei Jahrhunderten zum Einsatz. Angefangen hat einmal alles in Hochheim am Main.

JONAS UND DAS ›ACHTE WELTWUNDER‹

In Hochheim eröffnete Siegfried Wendel im Oktober 1969 das ›Erste Deutsche Museum für mechanische Musikinstrumente‹. Die eigentliche Geschichte beginnt tatsächlich noch früher: Mitte der 1960er-Jahre, als Siegfried und Gretel Wendel auf der Hochzeitsreise durch Amerika auf eine Ausstellung mechanischer Instrumente stießen. Siegfried Wendel war umgehend fasziniert und wünschte sich, etwas Vergleichbares in Deutschland zeigen zu können.

1973 zog Siegfried Wendel mit seinen Instrumenten nach Rüdesheim um. Mit dem Bekanntheitsgrad stiegen die Besucherzahlen, bis es schließlich auch hier zu eng zuging. 1975 wurde der prachtvolle Brömserhof, seit 1998 im Besitz der Familie Wendel, zum endgültigen Sitz

> **Tipp**
>
> ›SIEGFRIED'S MECHANISCHES MUSIK-KABINETT‹ ist von März bis Dezember täglich geöffnet (im Januar und Februar nur auf Anfrage). Nach Voranmeldung sind auch Führungen in den Abendstunden (18 bis 22 Uhr) möglich.

des Musikkabinetts. Die Brömser, das Adelsgeschlecht ›derer von Rüdesheim‹, hatten ihren Sitz ursprünglich in der nahe gelegenen Brömserburg (Seite 135), die ihnen im Lauf der Jahrhunderte vermutlich zu unbequem

EINE MECHANISCH BESPIEL-BARE VIOLINE WURDE 1908 IN LEIPZIG ALS ›ACHTES WELT-WUNDER‹ BEWUNDERT.

wurde. Die ältesten Teile des Brömserhofs stammen aus dem Jahr 1310. Der attraktive Fachwerkturm war zeitweise ein Bestandteil der Stadtmauer. Aus dem 16. Jahrhundert stammen die kostbaren Decken- und Wandgemälde, die während der folgenden Jahrhunderte lieblos übertüncht worden waren und sich als eine bedeutsame Aufgabe für die Restauratoren erwiesen. Eines der biblischen Motive stellt Jonas mit dem Wal dar – vom damaligen Künstler kurzerhand an den Rhein verlegt. Damit bildet der Brömserhof einen ehrwürdigen Rahmen für die wertvollen mechanischen Instrumente, die jährlich von 100.000 Besuchern bestaunt werden. Ein Museumsbesuch, der sich doppelt lohnt.

RÖSSLER-LINIE /// FAHRGASTSCHIFFFAHRT K.P. RÖSSLER ///
LORCHER STRASSE 34 /// 65385 ASSMANNSHAUSEN /// 0 67 22 / 23 53 ///
WWW.ROESSLERLINIE.DE ///

Die Idee entsprang der Ernennung zum Weltkulturerbe und hat sich in Kürze zum Klassiker unter den Tagesausflügen am Rhein gemausert. Weil alles dabei ist, was die Rheinromantik ausmacht: eine Wanderung mit grandiosen Aussichten, die Fahrten mit Seilbahn und Sessellift, die ›Germania‹ und die Zauberhöhle. Nicht zu vergessen eine Schiffstour zur Burg Rheinstein, die dank zinnenbewehrter Türme und spektakulärer Lage romantischer kaum sein könnte.

RHEINROMANTIK ERLEBEN

Die ›Romantiktour‹ ist ein Tagesausflug, der in Rüdesheim beginnt und endet. Geruhsam geht es los: Wir schweben mit der Kabinenseilbahn über die Weinberge hinweg und erreichen in zehn Minuten mit dem Niederwalddenkmal den obligatorischen Programmpunkt aller internationalen Besucher Rüdesheims. Die 640 Zentner wiegende ›Germania‹ symbolisiert in Freiheitspose das Ende des deutsch-französischen Kriegs 1870/71 und die Wiedererrichtung des deutschen Kaiserreichs. Nachdem wir die Aussicht in das Rheintal gewürdigt haben, spazieren wir in einer knappen Stunde in Richtung Jagdschloss Niederwald.

> **Tipp**
>
> Die Veranstalter der **ROMANTIKTOUR** bieten ein Komplettangebot mit allen Tickets und Eintritt in die Burg Rheinstein (Info u. a. unter www.rmv-erlebniscard.de, Suchbegriff: Romantiktour).

Unterwegs genießen wir den herrlichen Ausblick von der Ruine Rossel, die von vornherein in malerischer Unvollkommenheit entworfen worden war. Ein Stück weiter erwartet uns die Zauberhöhle, ebenfalls ein romantisches Kunstprodukt. Wer sich in die Finsternis hineinwagt,

DAS KOMPLETTE TOURPROGRAMM WIRD NUR IN DER HAUPTSAISON ANGEBOTEN.

kann sich mit dem Ausguck auf die imposante Burg Rheinstein auf das Ziel des Nachmittags einstimmen. Vom Jagdschloss Niederwald – ein Hotel und Restaurant mit dem Café Rheinblick – ist es nicht weit zur Seilbahn-Bergstation, die uns hinunter nach Assmannshausen trägt. Der Blick auf die Uhr legt fest, wie lange die Mittagspause in einem der gemütlichen Gasthäuser dauern darf, bevor wir das Schiff besteigen, das uns nach einer Viertelstunde am Fuß des Romantik-Schlosses Burg Rheinstein entlässt. Die ehemalige Raubritterburg thront weithin sichtbar auf einem 90 Meter hohen Felsvorsprung. Nach der ausgiebigen Besichtigung, für die man mindestens eine Dreiviertelstunde einplanen sollte, geht es in 55 Schifffahrtsminuten zurück nach Rüdesheim.

Wie ließe sich die Vielfalt der Landschaft geruhsamer beobachten als vom Sonnendeck eines Ausflugsschiffs? Auenwälder und Weinberge, Burgen und Ortschaften gleiten vorüber, während das Schiff durch die Wellen voranschaukelt. Das Angebot an Rund- und Ausflugsfahrten ist vielseitig, und heutzutage muss kein Schiffsreisender mehr das Binger Riff und dessen gefährliche Strudel fürchten.

BURGEN UND HÖHEN IM FREIEN BLICK

Im März 2010 sorgte eine Pressemeldung für Aufsehen: Der Rhein, so hieß es dort, habe nicht, wie in jedem Lexikon nachzulesen, eine Länge von 1.320 Kilometern, sondern sei tatsächlich ›nur‹ 1.230 Kilometer lang. Ein Irrtum, den dessen Entdecker Bruno Kremer, der beim eigenen Nachrechnen auf 1.233 Kilometer kam, auf einen vertrackten Zahlendreher zurückführte. Bei Recherchen für ein ökologisches Thema war dem Biologen aufgefallen, dass vor den 1960er-Jahren immer der kürzere Wert angegeben worden war. Keine Zweifel bestehen daran, dass der Rhein die meistbefahrene Wasserstraße Europas ist. Frachtkähne teilen sich den Strom mit Motorbooten und Ausflugsschiffen. Mit den ersten Passagierschiffen der Köln-Düsseldorfer Rheinschifffahrt, die seit Anfang des 19. Jahrhunderts im Linienverkehr eingesetzt wurden, wuchs mit der Begeisterung für die Rheinromantik auch der Fahrgastschiffverkehr. Um die Schifffahrt voranzutreiben, musste über alle Jahrhunderte immer wieder an einer natürlichen Felsbarriere gekratzt werden, die das Befahren des Stroms erheblich behinderte. Das Binger Riff verlief quer zum Flusslauf

> **Tipp**
>
> Wenn der Rhein bei Rüdesheim ›in Flammen steht‹, leuchten die Burgen im Nachthimmel auf. Ein Spektakel, das sich am schönsten von Bord eines **ILLUMINIERTEN SCHIFFES** beobachten lässt (www.rhein-in-flammen.com).

DIE BERÜHMTE LORELEY, EIN 130 METER HOHER SCHIEFERFELSEN, LIEGT AUSSERHALB DES RHEINGAUS BEI ST. GOARSHAUSEN.

und machte die Fahrrinne bis ins Mittelalter für schwer beladene Kähne nur unter hohem Risiko befahrbar und oftmals unpassierbar. Dazu kamen reißende Strudel und Felsen am Fuß der Loreley. Im 17. Jahrhundert gelang es, eine vier Meter breite Passage in das Quarzitriff hineinzutreiben. Von 1830 bis 1842 wurde mit Hilfe von Sprengungen das Binger Riff auf diese Weise zum Binger Loch. Ein Ausbau, der über die Jahrhunderte bis in unsere Zeit weiter vorangetrieben wurde und wird und den Rheinschiffen endlich eine unbehelligte Fahrt gewährt.

BENEDIKTINERINNENABTEI ST. HILDEGARD /// KLOSTERWEG ///
65385 RÜDESHEIM AM RHEIN /// 0 67 22 / 49 90 ///
WWW.ABTEI-ST-HILDEGARD.DE ///

Als stünde sie seit Jahrhunderten auf ihrem angestammten Platz hoch oben über dem Rüdesheimer Stadtteil Eibingen: So verwachsen scheint die Abtei St. Hildegard, ein ausgewogener Bau von schlichter Schönheit, mit den Weinbergen ringsherum. Mit Verwunderung erfahren wir, dass die Gebäude im romanischen Stil zu Beginn des 20. Jahrhunderts gebaut wurden. Uralt ist dagegen der Ursprung des Klosters, der sich 900 Jahre zurückverfolgen lässt und zu einer der bedeutendsten Frauen des Mittelalters führt: zu Hildegard von Bingen.

URALTE GESCHICHTE IN JUNGEN GEBÄUDEN

Hildegard von Bingen, geboren im Jahr 1098 in Rheinhessen, war eine Frau, deren Wort Gewicht hatte. Erfüllt von tiefer Gläubigkeit, folgte sie den Regeln des heiligen Benedikt. Sie schrieb theologische Bücher, hatte zugleich Augen für die Welt um sich herum, betrieb naturwissenschaftliche Studien und korrespondierte mit den wichtigen Persönlichkeiten ihrer Zeit. Wer ihren Rat suchte, musste sich auf unbequeme Antworten einstellen. Vor allem aber war sie Äbtissin. Ihre Heimat war das Kloster Rupertsberg in Bingerbrück. Viele Frauen folgten ihrem Ruf, und so wollte man den Orden erweitern. So übernahm Hildegard das verwaiste Augustinerkloster Eibingen im Rheingau und setzte bis zu ihrem Tod im Jahr 1179 wöchentlich zweimal über den Rhein, um ihren dortigen Aufgaben nachzugehen. Das Kloster Rupertsberg fiel dem Dreißigjährigen Krieg zum Opfer. Das Ende des Klosters Eibingen kam mit der Säkularisierung 1803. Die Klosterkirche wurde zur Pfarrkirche der Gemeinde. Dennoch blieb das Kloster Eibingen unvergessen – und wurde 1900 oberhalb des Ortes erneut gegründet. 1904 zogen 12 Benediktinerinnen in die neue Abtei St. Hildegard ein. Heute leben hier 55 Ordensschwestern in klösterlicher Abgeschiedenheit. Verständlich, dass das Kloster nicht besichtigt werden kann. Wer die Stille erleben möchte, darf dort aber für einige Tage zu Gast sein. Kurzfristigen Besuchern steht die Klosterkirche offen, und man ist eingeladen, an den Gebetszeiten und Gottesdiensten teilzunehmen. Hildegard von Bingen dürfte zufrieden sein.

> **Tipp**
>
> Die **ABTEIKIRCHE** und ein Inforaum stehen für Besucher offen. Im Klosterladen werden Produkte des Klosters aus Kunstgewerbe, Weinbau, Gartenbau und Landwirtschaft angeboten. Das Kloster ist nicht zu besichtigen.

DIE SCHWESTERN DER ABTEI ST. HILDEGARD BEWIRTSCHAFTEN AUCH DAS KLOSTERWEINGUT.

EIBINGER ZEHNTHOF /// FAMILIE KETZER /// EIBINGER OBERSTRASSE 15 ///
65385 RÜDESHEIM-EIBINGEN /// 0 67 22 / 27 55 ///
WWW.EIBINGER-ZEHNTHOF.DE ///

Ein 500 Jahre altes Haus wüsste eine Menge zu erzählen. Seine Geschichte als Gasthaus ist vergleichsweise kurz und beginnt 1979 mit einem ›wirtschaftlichen‹ Notstand: Als der letzte Wirt schließt und die Eibingener Bürger keine Wirtschaft mehr haben. Was also tun? Die Einheimischen finden eine Lösung: Gibt es doch ein Weingut und einen Winzer, dessen Schwiegertochter sich als Hauswirtschaftsmeisterin auf eine gute Küche versteht. Die Straußwirtschaft im ›Eibinger Zehnthof‹ hat sich längst zum Gutsausschank gemausert.

TRAUBENMAISCHE ALS ›ZEHNTER‹

Der ›Eibinger Zehnthof‹, gebaut im Jahr 1506 im historischen Ortskern, hat seit seinem Bestehen vielen Herren gedient. »Wissenschaftler haben das Baujahr nachgewiesen«, weiß Patrick Ketzer, der heutige Hausherr, zu berichten. Mitarbeiter der Denkmalbehörde konnten das Alter des verwendeten Holzes durch dendrochronologische Untersuchungen bestimmen. Wein wurde im Zehnthof von Anfang an gekeltert, denn der ›Zehnte‹, die Steuer an den Grundherren, kam oftmals in Gestalt von Traubenmaische. Später war das Gebäude für lange Zeit das Rathaus der Gemeinde Eibingen, der einzige Steinbau inmitten von Fachwerkhäusern. Dass der Zehnthof zum Weingut wurde, ist Patrick Ketzers Großvater zu verdanken, der von einem Lorcher Weingut stammte und sich, da es mehrere Geschwister gab, eine eigene Existenz aufbauen wollte. Mit dem Kauf des Zehnthofs bewies er Mut und Weitblick. Und eine große Liebe zu einem Baudenkmal, das aufgrund der Bauschäden unbewohnbar war. Zum Glück hatte die Fassade mit ihrem Treppengiebel und den beiden eigenwilligen achteckigen Türmchen dem Verfall trotzen können. Im Lauf der Jahrzehnte wurde das Anwesen nach und nach ausgebaut. Die Familie kaufte Weinberge dazu und erweiterte die Straußwirtschaft zum Gutsausschank. Klar, dass in einem Haus mit solcher Vergangenheit ein rustikaler Gewölbekeller für Weinproben nicht fehlen darf.

> **Tipp**
>
> Küchenmeister Patrick Ketzer setzt auf **REGIONALE PRODUKTE**. Wie auf das Fleisch des Soayschafs, einer urtümlichen Rasse, benannt nach der gleichnamigen schottischen Insel, das auf den Eibinger Weiden unterhalb der Abtei St. Hildegard weidet (www.soay-schaf.de).

VON DER TERRASSE DES ›EIBINGER ZEHNTHOFS‹ BLICKT MAN AN KLAREN TAGEN BIS ZUR BINGER ROCHUSKAPELLE HINÜBER.

Eine Burg, die hoch oben über der Stadt wacht, gehört im Rheingau beinahe zum guten Ton. Auch wenn die Burg, wie in diesem
Fall die Burg Ehrenfels über Assmannshausen, im Verlauf der
Jahrhunderte viel von der einstigen Macht und Pracht einbüßen
musste. Nirgendwo sonst gedeiht so viel Blauer Spätburgunder
auf einer zusammenliegenden Fläche: Auf 75 Hektar sonnen-
verwöhnten Steillagen. Assmannshausen ist der Rotweinort im
Rheingau. Nein, in ganz Deutschland.

HÖLLISCHE ROTWEINLAGEN AM STEILHANG

›Assmannshausen, wo auf dem Hellenberge ein trefflich roter Wein
wächst‹, lobten Weinkenner bereits um 1507, wie ein ›Handbuch für
Reisende am Rhein‹ aus dem Jahr 1812 verlauten lässt. Dass der Blaue
Spätburgunder über Assmannshausen so ›trefflich‹ gedeiht, kommt nicht
von ungefähr: ›Hinterkirch‹, ›Frankenthal‹ und der berühmte ›Höllenberg‹ zählen zu den steilsten Lagen
im Rheingau. Der Zusatz ›Hölle‹,
der in der Region öfter vorkommt,
weist übrigens weniger auf einen
ausgesprochen feurigen Wein hin.
Die ›Hölle‹ ist ein extrem steiler
Hang, der in Assmannshausen auf
Schiefer gegründet ist. Ein für diese
Rebsorte ungewöhnlicher Boden,
der jedoch auffällig leichte und elegante Rotweine hervorbringt. Vorausgesetzt, man lässt den Weinen genügend Zeit zur Reife. Unterhalb der
Weinberge schmiegt sich Assmannshausen an die Steilhänge. Von dem
knapp bemessenen Raum, der
dem Ort zwischen Bergen und
Rheinufer bleibt, muss er einen
Teil an Bahnlinie und Umge-
hungsstraße abgeben. Zu den bemerkenswerten Gebäuden gehört das
Hotel ›Krone‹. Ursprünglich eine Treidelstation, in der die Pferde ge-
wechselt wurden, entstand aus bescheidenen Anfängen 1808 das Wirts-
haus ›Krone‹. Der politische Dichter Ferdinand Freiligrath war im 19.
Jahrhundert hier zu Gast. Ihm folgten andere Schriftsteller und Künstler.
Robert und Clara Schumann, Hoffmann von Fallersleben und sogar der
Hochadel gastierten in der ›Krone‹. Selbst Kaiser Wilhelm I. und Elisa-
beth von Österreich, die ›Sissi‹, ließen sich dank der Rheinromantik nach
Assmannshausen locken.

Tipp

Die Ruine Ehrenfels liegt am
›RIESLINGPFAD‹ zwischen Assmannshausen und Rüdesheim. Sie
ist in der Regel nicht zu besichtigen. Ihr Standort bietet einen
herrlichen Ausblick auf Bingen,
Mäuseturm und Binger Loch.

**DER SESSELLIFT BRINGT WANDERER
BEQUEM AUF DIE HÖHEN HINAUF ZUM
JAGDSCHLOSS NIEDERWALD.**

RÜDESHEIM TOURIST AG /// GEISENHEIMER STRASSE 22 ///
65385 RÜDESHEIM AM RHEIN /// 0 67 22 / 90 61 50 ///
WWW.RUEDESHEIM.DE ///

Einem Kinofilm der Regisseurin Margarethe von Trotta verdankt Assmannshausen eine willkommene Requisite. Ein Pavillon, der im Film ›Ich bin die Andere‹ als Kulisse diente, blieb der Gemeinde nach dem Ende der Dreharbeiten erhalten. Der allerschönste Platz in den steilsten Weinbergen war schnell ausgewählt. Als schwieriger erwies es sich, den Pavillon zu versetzen und mit einem stabilen Fundament zu versehen. Was dank des tatkräftigen Einsatzes vieler ehrenamtlicher Helfer dennoch gelang. Zur Freude der Wanderer.

PICKNICKEN WIE EIN FILMSTAR

Nur zu Fuß geht es hinauf. Der halbstündige Spaziergang bietet bezaubernde Ausblicke. Ausgangspunkt ist Assmannshausen, das Tor zum Weltkulturerbe ›Oberes Mittelrheintal‹. Der Wanderer folgt in der Höllenbergstraße dem Zeichen des Rheinsteigs (R auf blauem oder gelbem Grund) in Richtung Lorch. Im Ort heißt es kurz aufpassen, um nicht die Abzweigung zu einer schmalen Treppe zu verfehlen, die in einen steinigen Pfad mündet. Diesem folgt ein bequemer Wirtschaftsweg, der den Blick auf die sich zwischen Rhein und Berghänge drängenden

> **Tipp**
>
> Der **HISTORIENWEG** führt über 15 Kilometer (mit 16 Stationen und Infotafeln) durch Assmannshausen, Aulhausen, Rüdesheim und zurück (Start: Höllenbergstraße/ Ecke Lorcher Straße).

Häuser öffnet. Serpentinen später blinkt ein rundes Kupferdach im Sonnenlicht. Gegenüber des Pavillons liegt – wie eine filmreife Kulisse – das hier bereits deutlich schmalere Rheintal: Mit schier unendlichen Weinbergen oberhalb des hiesigen Ufers und einem dicht bewaldeten Steilhang

DER VIEL BEGANGENE RHEINSTEIG FÜHRT UNMITTELBAR AN DER ROTWEINLAUBE VORBEI.

auf der gegenüberliegenden Seite, in dem auf hohem Felsen die Burg Rheinstein aufragt. Im 13. Jahrhundert gegründet, verfielen die Gemäuer im 17. Jahrhundert. Inspiriert von der aufblühenden Rheinromantik, nahm sich kein Geringerer als Prinz Friedrich Wilhelm von Preußen im 19. Jahrhundert der Ruine an. Im April 2007 wurde der Pavillon, der von einem kunstvoll geschmiedeten Geländer umrahmt wird, feierlich eingeweiht und auf den klangvollen Namen ›Rotweinlaube‹ getauft: Das Ergebnis eines Wettbewerbs unter den Assmannhausener Bürgern. Und wunderbar passend, erheben sich doch über dem Winzerort, einem Rüdesheimer Stadtteil, die berühmten Rotweinlagen ›Höllenberg‹, ›Frankenthal‹ und ›Hinterkirch‹.

TOURIST INFORMATION LORCH AM RHEIN /// MARKT 5 ///
65391 LORCH AM RHEIN /// 0 67 26 / 18 15 /// WWW.LORCH-RHEIN.DE ///

Ein Wegstück des Rheinsteigs, und für wenige Meter tatsächlich ein ›Steig‹, beginnt in der Weinstadt Lorch und führt in einer halben Stunde Fußmarsch hinauf zur Burg Nollig. Auf dem letzten Stück mit alpinem Charakter streift der Wanderpfad die Grundmauern der Ruine, die auf einer Bergnase oberhalb des Wispertals dem Zahn der Zeit ausgesetzt ist. Der begeisternde Ausblick auf das Rheintal entschädigt dafür, dass der Zustand der Burg keine Besichtigung erlaubt.

EIN STÜCK RHEINSTEIG SCHNUPPERN

Mit dem Besuch der historischen Rheinstadt Lorch lassen sich Wandervergnügen und Kulturgenuss selbst bei einem kürzeren Aufenthalt bestens vereinen. Beim Bummel durch Lorchs Gassen kommen die Interessenten für Geschichte und Kunst auf ihre Kosten. Der Weg hinauf zur Burg Nollig erfreut das Wandererherz. Wer länger als eine knappe Stunde (für Hin- und Rückweg) unterwegs sein möchte, kann die Wanderung auf dem Panoramaweg in Richtung Kaub fortsetzen. Für den Aufstieg zur Ruine folgen wir dem blauen Rheinsteigzeichen, das die Straße linker Hand der Wisperbrücke markiert. Bald zweigt die Strecke halblinks ab und mündet in einen Hohlweg, der sanft, aber stetig bergauf führt. Unmittelbar hinter der Betonbrücke, die sich hoch über den Weg legt, heißt es, sich zu entscheiden. Bei trockenen Wegverhältnissen und mit gutem Schuhwerk nehmen wir den Pfad, der scharf rechts abzweigt, über die Brücke und bald danach in wenigen steilen Serpentinen und über ein Felsstück hinauf zur Nollig führt. Sind die Wege rutschig, empfiehlt sich die sicherere Variante, die der Ausweisung des Rhein-Burgen-Wegs folgt. Der Pfad verläuft ein Stück weit geradeaus bis zu einer Treppe, biegt danach links ab und erreicht bald darauf den Rastplatz unterhalb der Burgruine. Diese Variante bietet sich auch für den Rückweg an, auf dem bald die Pfarrkirche St. Martin ins Blickfeld gerät, in deren Orgel das ›Riesling-Register‹ eingebaut ist. Betätigt der Organist den Zug, ertönt Vogelgezwitscher und eine Klappe gibt einen guten Tropfen und Weingläser frei. Eine einzigartige Einrichtung und passend für die Kirche eines Winzerortes.

> **Tipp**
>
> Das Robert-Struppmann-Museum zeigt mittelalterliche sakrale Skulpturen sowie Fundstücke aus der Bronze- und Römerzeit. Im Rundturm Strunk befindet sich ein kleines Infozentrum zum **UNESCO-WELTERBE** Oberes Mittelrheintal.

DAS HILCHENHAUS GILT ALS SCHÖNSTER RENAISSANCEBAU AM MITTELRHEIN.

WEINGUT RÖSSLER /// WEINGUT UND GÄSTEHAUS ///
JACQUELINE UND MICHAEL RÖSSLER /// RHEINSTRASSE 20 /// 65391 LORCH ///
0 67 26 / 16 58 /// WWW.WEINGUT-ROESSLER.DE ///

Kann man im Rheingau anders als glücklich sein? Das möchte gern glauben, wer Jacqueline und Michael Rößler in ihrer Lorcher Winzerwirtschaft begegnet. Dabei verhehlt das Winzerpaar nicht, dass es alles andere als leicht war, den im Nebenerwerb geführten Familienbetrieb über die Jahre zur Lebensgrundlage auszubauen. »Wir haben uns Ecke für Ecke erobert«, erzählt Jacqueline Rößler, die sich kein anderes Leben vorstellen möchte. »Immer wieder ermutigt von unseren Gästen.«

GASTFREUNDSCHAFT IM ›WELTERBE-GÄRTCHEN‹

Die Geschichte beginnt Ende der 1980er-Jahre: Während seines Urlaubs in Spanien trifft der Winzersohn Michael auf Jacqueline aus den Niederlanden, die sich dort zum Sprachstudium aufhält. Wein und Käse, so dachten die beiden, das passt zusammen. Jacqueline, deren Eltern ein Tabakgeschäft führten, hatte immer den Wunsch, etwas Eigenes auf die Beine zu stellen. Und das umso lieber in einer Landschaft, die sie bis heute begeistert. Unter dem 500 Jahre alten Gewölbe wurde die Gaststube eingerichtet, mit liebevoll zusammengestelltem Mobiliar. Das kleine Grundstück gegenüber ließ sich zum begrünten Gastgarten umgestalten. Die engen Auflagen der Straußwirtschaft –

> **Tipp**
>
> Das Gästehaus Rößler ist ein idealer Ausgangspunkt für Rheinsteigwanderungen (www.rheinsteig.de) und zudem Gastgeber im ›**WELTERBE OBERES MITTELRHEINTAL**‹ (www.welterbe-gastgeber.de).

kurze Öffnungszeiten und eine eingeschränkte Speisekarte – führten zum nächsten Schritt, der Winzerwirtschaft, die beinahe ganzjährig geöffnet ist. Zu den eigenen Weinen werden regionale Gerichte angeboten, verfeinert durch kleine Besonderheiten. Und die Brandruine in der Nachbarschaft? Zeigt sich nun als modernes Gästehaus, aus dem man morgens beim Zähneputzen den

> **VIELE DINGE IN DER URGEMÜTLICHEN WINZERSTUBE SIND GESCHENKE DER GÄSTE. JACQUELINE RÖSSLER KENNT ZU JEDEM EINE GESCHICHTE.**

unverbauten Blick auf den Rhein genießen darf. Neben dem Wein und seinen Gästen liegt Michael Rößler die Natur besonders am Herzen. Und das nicht nur, wenn er das eigene Weingut nach ökologischen Grundsätzen bewirtschaftet. Interessierte Besucher führt er gern mit der Fähre hinüber zur anderen Rheinseite in das Heimbachtal, wo Ziegenherden die Steillagen vor dem Verbuschen bewahren. Bei diesen ›Ziegenwanderungen‹ ist auch Ziege Felix dabei, ein ehemaliges Flaschenkind der Rößlers. Abgerundet wird der Ausflug natürlich mit einer Weinprobe und Schäfervesper.

Gerüche wecken Erinnerungen. Wie der Duft frisch gebackenen Brots oder der Geruch von Stiefelfett und Leder, der Kindheitserinnerungen lebendig werden lässt. Neben diesen Reizen für die Nase bietet das Landmuseum Ransel auch für Auge und Ohr allerhand Entdeckenswertes mit Erinnnerungsgarantie. Sofern man der etwas älteren Generation angehört. Und im besten Fall die Kindheit auf dem Land verbracht hat.

NACH GROSSVÄTER ART

Umgeben von dicht bewaldeten Bergkuppen und unweit der Landesgrenze zu Rheinland-Pfalz liegt der Lorcher Ortsteil Ransel in stiller Abgeschiedenheit auf einer freien Anhöhe von gut 400 Metern. Am Ende des Dorfes, in der Nachbarschaft eines Modehauses, befindet sich das Landmuseum: Auf grüner Wiese, bestückt mit einer offenen Scheune und mehreren Schuppen und Hütten, in denen die Exponate ausgestellt sind.

Bisweilen ein wenig zu viel des Guten, möchte man meinen, bei allem, was sich dort in reichlich Gesellschaft aufgetürmt und versammelt hat. Wir nehmen das gewisse Übermaß nicht krumm, erfreuen uns lieber an all den Handwerkzeugen und rätselhaften Maschinen und bedenken, dass wir nicht in einem Hochglanz-Stadtmuseum auf Entdeckungstour gehen. Das Landmuseum Ransel ist das Kind eines Fördervereins. Dessen allesamt ehrenamtlich wirkenden Mitglieder haben sich der Aufgabe gestellt, die ursprünglich private Sammlung aus der Zeit von 1900 bis 1970 den interessierten Besuchern zugänglich zu machen. Ein Engagement, das in jedem Winkel zu spüren ist.

Tipp

Einem Schmied beim Schmieden zusehen. Einen betagten Hanomag-Traktor in Fahrt erleben. Oder dem Rumpeln einer Dampfmaschine lauschen. Nicht nur **FÜR KINDER EIN VERGNÜGEN**. (Termine unter www.land museum-ransel.de).

IN DER BRAUSTUBE WIRD SELBSTGEBRAUTES BIER AUSGESCHENKT. DAZU GIBT ES SPEISEN AUS DER REGION.

»Hat es nicht genauso bei unserem Schuster ausgesehen?«, fragt sich so mancher beim Blick in die Schuhmacherwerkstatt. Wer als jüngerer Besucher oder ehemaliges Stadtkind den vielen Museumsstücken mit ratlosem Staunen gegenübersteht, kann sich bei einer Führung den Gebrauch erklären lassen und darf vielleicht selbst ausprobieren, wie das damals ging, beim Weinbau und in der Landwirtschaft zu früheren Zeiten. Oder wird einen der Besucher ansprechen, die mit glänzenden Augen die Runde machen.

Als steil und waldreich erweist sich das Tal der Wisper, die sich auf 16 Kilometern von ihrer Quelle bei Heidenrod bis nach Lorch schlängelt und dort in den Rhein mündet. Wanderer zieht es in die menschenleeren Seitentäler und auf Bergkuppen, deren geografische Beschaffenheit die Besiedlung von jeher schwierig machte. Was frühere Herrscher nicht davon abhielt, die nördliche Grenze des Rheingaus mit Burgen zu sichern, die heute dem Verfall preisgegeben sind.

AUS DEN TIEFEN ZU DEN HÖHEN

Der Wisperwind, der Wisperwind,
Den kennt in Oestrich jedes Kind!
Des morgens früh von vier bis zehn,
Da spürt man allermeist sein Wehn!
Stromauf aus Wald und Wiesengrund
Haucht ihn der Wisper kühler Mund!

In diesen Strophen beschreibt der Dichter Ferdinand Freiligrath, der zur Mitte des 19. Jahrhunderts zeitweise in St.Goar lebte, eine Eigenart des Wispertals. Als Rundweg führt der Wispertalsteig durch ein verträumtes Seitental. Weite Ausblicke und stille Waldwege machen den Reiz dieser Wanderung aus. Wobei die Ruhe keinesfalls bedeutet, dass kein Laut zu hören sei. Im Gegenteil erscheinen uns die Vogelgesänge selten so stimmgewaltig wie an diesem Vormittag im Mai. Ob es daran liegt, dass kaum von Maschinen gemachter Lärm zu hören ist? Kein Automotor. Kein Schlepperrattern. Selbst der Himmel bleibt unbehelligt vom Flugbetrieb. Im zur Stadt Lorch gehörenden Luftkurort Espenschied machen wir uns bereit für den Wispertalsteig und behalten uns offen, ob wir die 15-Kilometer-Strecke laufen werden oder nach der Hälfte zum Ausgangsort zurückkehren. Die Streckenführung bietet beide Alternativen.

> **Tipp**
>
> Die Wegbeschreibung findet man unter www.wispertalsteig.de. Grundsätzlich empfehlenswert ist die zusätzliche Wanderkarte. Einkehren kann man im **WISPERTAL** und in Espenschied.

WIEDERANSIEDLUNG: SEIT 2003 KEHREN DIE LACHSE ZUM LAICHEN IN DIE WISPER ZURÜCK.

Was uns erwartet? ›Viele Ruhebänke an lauschigen Plätzchen, einen Naturdenkmal-Baum, ein Feldkreuz, Fernblicke bis zum Hunsrück und zum Großen Feldberg im Taunus, Felsen, Blicke auf zwei Burgruinen, Bäche, einen kleinen Schiefer-Bergstollen, Weiden, Wald mit hohem Wildbestand, einen Sauerbrunnen, einen Köhlerplatz‹, verkündet die Wegbeschreibung. Dann nichts wie los! Und den kühlen Wisperwind auf der Haut spüren.

Wandern ist ein Trendsport! Immer mehr Menschen, zuneh-
mend jüngere, schnüren in ihrer Freizeit die Wanderstiefel. Im
Rheingau wie im Naturpark Rhein-Taunus können Wander-
freunde nach Herzenslust ihrem geliebten Hobby nachgehen.
Ein dichtes Netz markierter Strecken durchzieht die Wälder
und Wiesentäler der vielgestaltigen Mittelgebirgslandschaft.
Zahlreiche Rundwege führen den Wanderer durch ausgewählte
Gebiete. Weitwanderwege erschließen die Region, unter denen
der Rheinsteig einen Spitzenplatz einnimmt. 2005 aus der Tau-
fe gehoben, stürmte die hochgelobte Wanderstrecke rasant die
Hitliste der deutschen Wandersteige.

GENUSSWANDERN AUF WEITEN WEGEN

Auf einer herrlichen Wanderstrecke ein Stück Rheinromantik genießen
und den Tag in einer gemütlichen Rheingauer Weinstube ausklingen lassen – ein ›Genusswandern‹ vorzüglichster Art, das immer mehr begeisterte Anhänger gewinnt. Der Rheinsteig beginnt in Wiesbaden im Biebricher
Schlosspark und führt auf 320 Kilometern nach Bonn. Kein anderer Fernwanderweg verbindet auf diese einzigartige Weise teils anspruchsvolles
Wandern mit wahrhaft traumhaften Ausblicken. Weite Strecken führen
über Naturboden und Pfade, die die Bezeichnung ›Steig‹ verdienen. Jede
Wegbiegung gibt aufs Neue den Blick auf Weinberge, Burgen und den
Lauf des Rheins frei. Ein praktischer Aspekt macht den Rheinsteig auch
für Tageswanderer so attraktiv. In Abständen führt die mit einem weißen
R auf blauem bzw. gelbem Grund ausgewiesene Strecke von den Rhein-
höhen hinab in Orte, die an die Bahnlinie angeschlossen sind. So kann
der Wanderer seine Tagesstrecke individuell planen. Morgens stellt man
den Wagen am Bahnhof ab, fährt mit der Bahn das Stück zurück, das man
wandern möchte, und kann ganz entspannt losgehen. Wer für ein Wochenende oder länger unterwegs ist, findet entlang der Strecke ein großes
Angebot solcher Gastgeber, die sich auf Wanderer eingestellt haben und
oftmals Zusatzleistungen wie einen Gepäcktransport anbieten.

101 Jahre älter als der Rheinsteig ist Deutschlands traditionsreichster
Wanderweg, der Rheinhöhenweg. Ihn gibt es in doppelter Ausführung
auf der rechten und auf der linken Rheinseite. Rechtsrheinisch führt er –
wie der Rheinsteig – von Wiesbaden bis Bonn, braucht dafür aber ›nur‹
270 Kilometer. Der mit einem schwarzen oder weißen R gekennzeichnete
Weg verbindet die Ortschaften über die Höhen des Rheingaugebirges. Der
Rhein selbst gerät dabei häufiger aus dem Blickfeld. Der dritte im Bunde

der großen Rheinwanderwege ist der Rhein-Burgen-Wanderweg, der die 30 Burgen des Mittelrheintals miteinander verbindet und sich ab Rüdesheim rheinaufwärts zieht. Sein Zeichen ist ein mit stilisierten Burgzinnen geschmücktes rotes R. Die Rheinwanderwege treffen oftmals aufeinander und begleiten den Wanderer streckenweise gemeinsam.

Andere Dimensionen bieten der Europäische Fernwanderweg 1 und der Europäische Fernwanderweg 3, der in Portugal in der Südwestspitze des europäischen Festlands seinen Anfang nimmt, einen nördlich ausgerichteten Bogen schlägt und in Istanbul endet. Als Taunushöhenweg, der sowohl mit einem blauen X als auch mit einem schwarzen T gekennzeichnet sein kann, führt er von Kaub am Mittelrhein direkt in den Taunus hinein und weiter auf dem Hauptkamm über den Hochtaunus bis nach Butzbach. Im Bereich des Rhein-Taunus durchquert der Taunushöhenweg Lorch-Ransel, streift Stephanshausen und vereint sich mit dem Rheinhöhenweg bei der Überschreitung des Grauen Steins, der mit einem Ausblick auf den Hinterlandswald belohnt. Danach geht es zum ›Rheingauer Gebück‹ an der Mapper Schanze. An der weiteren Strecke liegen Schlangenbad und der Schläferskopf. Über Platte und Kellerskopf wird schließlich Wiesbaden-Medenbach erreicht.

Tipp

Wissenswertes für Wanderer unter www.rheinsteig.de, www.naturpark-rhein-taunus.de, www.rheinhoehenweg.de, www.aar-touristik.de und www.hessen-tourismus.de.

1969 ins Leben gerufen, gibt es mittlerweile 11 europäische Fernwanderwege, die allerdings noch nicht vollständig ausgewiesen sind. Der Europäische Fernwanderweg 1 wird nach seiner Fertigstellung das Nordkap mit Sizilien verbinden und führt innerhalb Deutschlands von Flensburg bis zum Bodensee. Auf diesem weiten Weg lässt er den Taunus nicht aus. Sein Zeichen ist das weiße Kreuz. Den Naturpark Rhein-Taunus erreicht er nahe des Aarbergener Ortsteils Kettenbach, kreuzt das Aartal bei der Michelbacher Hütte und führt – nach einem Wegstück auf der Eisenstraße – hinab nach Hennethal. Der weitere Weg führt am Idsteiner Hexenturm vorbei, begegnet dem Limes und macht sich über Schloßborn auf zum Hochtaunus.

Was läge näher, als den als UNESCO-Welterbe ausgezeichneten Obergermanisch-Rätischen Limes mit einer Wanderstrecke zu begleiten? Über 120 Kilometer zieht sich der Limeswanderweg vom Bad Ems an der Lahn entlang des ehemaligen römischen Grenzwalls durch den Hintertaunus. In Idstein-Dasbach schmückt der rekonstruierte Wachturm den Limeswanderweg, der danach durch den Hochtaunus führt, bis er in Butzbach sein Ziel erreicht. Auf dem Gebiet des Rhein-Taunus liegen unter anderem die Etappenziele Bad Schwalbach, Adolfseck, das Kastell Zugmantel und Eschenhahn.

Aus der Zeit der Römer stammt ein uralter Handelsweg, der einst die Kastelle miteinander verband und nun als Aar-Höhenweg wieder auflebt. Seinen Anfang nimmt er an der Aarquelle nahe des Kastells Zugmantel bei Taunusstein-Orlen und endet nach 62 Kilometern außerhalb der Grenzen des Naturparks Rhein-Taunus in Diez. Auf seinem Weg durch Taunusstein, Bad Schwalbach, Hohenstein, Heidenrod, Aarbergen und Hahnstätten vereint er sein Zeichen – das Abbild des Flusslaufs – mit dem weißen Kreuz des Europäischen Fernwanderwegs 1. Man kann den Aar-Höhenweg in drei Tagen zurücklegen oder, je nach Lust und Kondition, in kürzeren Etappen erkunden.

Auf historischem Terrain bewegt sich auch der Rheingauer Gebückweg, der unseren Blick wieder auf den Rheingau lenkt. Auf 49 Kilometern wird der Wanderer von 20 Schautafeln begleitet, die über die einstige Grenze zwischen dem Rheingau und dem Hinterlandswald berichten. Wie die anderen Fernwanderwege kreuzt und begleitet auch der Gebückweg immer wieder andere Wanderstrecken und Rundwege, die Lust darauf machen, noch mehr dieser wunderschönen Landschaft auf die geruhsamste Art zu entdecken: Zu Fuß.

NATURPARK RHEIN-TAUNUS

Tief eingeschnittene Täler, ausgedehnte Wälder und hineinge-
streute lichte Anhöhen mit sanft geschwungenen Feldern und
Wiesen sind die Kennzeichen des Naturparks Rhein-Taunus.
Die abwechslungsreiche Mittelgebirgslandschaft nimmt mit
rund 81.000 Hektar einen Großteil der Fläche des Rheingau-
Taunus-Kreises ein und reicht hinein bis in das Wiesbadener
Stadtgebiet. Das Herzstück des Naturparks bildet der Hinterlandswald, Hessens größtes zusammenhängendes Waldgebiet.
Eine Fahrt aus dem Rheingau dort hinauf zeigt eindrucksvoll
den Kontrast zwischen dem dicht besiedelten lebendigen Landstrich am Rheinufer und den nördlich gelegenen menschenleeren Waldgebieten.

ENTDECKUNGEN IN WÄLDERN UND AUF WIESEN

Der Hinterlandswald liegt in der südwestlichen Region des Naturparks
Rhein-Taunus. Der südliche Rand des zerklüfteten Waldgebietes markiert den Grenzverlauf des ›Rheingauer Gebücks‹ (Seite 82), das im 12.
bis 13. Jahrhundert den Vorderwald auf der Rheingauer Seite gegen den
Hinterlandswald – ›den Wald hinter dem Gebück‹ – abschottete. Lange Zeit blieb der Hinterlandswald verlassen und unzugänglich. Bis heute
führt eine einzige Asphaltstraße durch diesen Landstrich, in dem man
sich tagelang aufhalten könnte, ohne einem Menschen zu begegnen. Und
das so nah am Rhein-Main-Gebiet! Als belebter, doch keinesfalls über-
laufen erweisen sich die übrigen Wanderwege mit insgesamt 600 Kilometern Strecke, die über den gesamten Naturpark ausgewiesen sind.

Nördlich des Hinterlandswaldes liegt die flächengrößte Gemeinde im
Rhein-Taunus. Algenroth, Dickschied, Geroldstein, Hilgenroth, Kemel
und 14 weitere Dörfer haben sich zur Gemeinde Heidenrod zusammen-
geschlossen und bieten dem Besucher vor allem Ruhe und Natur auf 250
Kilometern Wander- und Radwegstrecken, die die Ortsteile miteinander
verbinden. Mit Naturerlebnissen punktet auch die Gemeinde Hohenstein,
die ihren Namen der mächtigen Burg Hohenstein (Seite 171) verdankt, die
sich über das noch junge Aartal (Seite 169) erhebt. Der weitere Lauf führt
das Flüsschen Aar durch Aarbergen hindurch. Die größeren Städte liegen
in der östlichen Hälfte des Naturparks Rhein-Taunus: Bad Schwalbach als
Kur- und Kreisstadt (Seite 167), das aufstrebende Taunusstein mit seinen
zehn Ortsteilen (Seite 177), die ›Hexenstadt‹ Idstein (Seite 179 und 181)
und Niedernhausen (Seite 183).

Autofahrer erobern einen Bereich des Naturparks über die Bäderstraße, die als B 260 von Walluf im Rheingau über Schlangenbad (Seite 165) und Bad Schwalbach weiter nach Bad Ems im Rhein-Lahn-Kreis führt und die Kurorte miteinander verbindet. Entlang der Bäderstraße finden sich immer wieder Hinweise auf die frühe römische Besiedlung. Geschichtsträchtig ist auch die ›Hühnerstraße‹, die als B 417 von Wiesbaden (Seite 15) nach Limburg führt. Der Name für den Abschnitt zwischen Taunusstein-Neuhof und Limburg hat nichts mit dem Federvieh zu tun. Der Name der historischen Handelsstraße geht auf das keltische Wort ›hön‹ (hoch) zurück. Früher hielten sich die Reisenden lieber in den Höhenlagen auf, die ein leichteres und sichereres Vorankommen ermöglichten als die Täler mit ihren Bachläufen und dem oftmals morastigen Untergrund. Nach anderen Vermutungen bezieht sich der Name auf die zahlreichen Hügelgräber (›Hünengräber‹) aus vorchristlicher Zeit, die sich auf den Gebieten der Gemeinden Hünfelden und Hünstetten finden lassen. Unterwegs lohnt sich ein Zwischenstopp bei der ›Hühnerkirche‹ an der ›Hühnerstraße‹ zwischen den Hünstettener Ortsteilen Wallbach und Limbach. Das abgelegene Anwesen, das Gasthof und Kirche in sich vereint, gilt als Kuriosum und Kulturdenkmal zugleich und ist das Wahrzeichen der Gemeinde Hünstetten. Um das Jahr 1515 gab es an diesem Ort bereits eine Kapelle. Urkunden weisen darauf hin, dass die Kirche nach der Reformation nicht mehr genutzt wurde. Es gab einen jährlichen Markt, und zum Ende des 16. Jahrhunderts wurde an dieser Stelle bereits ein Gasthaus betrieben. Zwischenzeitlich entwickelte sich die ›Hühnerkirche‹ zu einer Poststation mit Gastwirtschaft, eigener Brauerei und Branntweinbrennerei. Heute ist die ›Hühnerkirche‹ ein Gasthaus mit Hofgut. Ob im Auto, im Fahrradsattel oder zu Fuß: Der Naturpark Rhein-Taunus wartet mit vielerlei Entdeckung auf.

> **Tipp**
>
> Mehr Informationen: Naturpark Rhein-Taunus, Veitenmühlweg 5, 65510 Idstein, Tel. 06126/4379 (www.naturpark-rhein-taunus.de).

STAATSBAD SCHLANGENBAD GMBH /// RHEINGAUER STRASSE 18 /// 65388 SCHLANGENBAD /// 0 61 29 / 48 50 /// WWW.SCHLANGENBAD.DE ///

Als einer der kleinsten deutschen Kur- und Badeorte besticht Schlangenbad vor allem mit Ruhe und Natur. Und, nicht zu vergessen, mit dem Thermalwasser, das einst als ›Schönheitswasser‹ bis an die nordeuropäischen Königshäuser geliefert wurde. Was damals dem Adel gefiel, lässt sich heute in der Aeskulap Therme genießen. Oder im Thermalfreibad, wo man in frischem Quellwasser badet. Jeden Abend wird das Schwimmbecken aufs Neue mit ›Wildwasser‹ gefüllt.

BADEVERGNÜGEN IM QUELLWASSER

Unter der ›Wilden Frau‹, einer sagenumwobenen Felsengruppe, liegt Schlangenbads größter Schatz. Das Besondere des ›Wildwassers‹ ist der hohe Anteil an Kieselsäure. Der Kochsalzgehalt ist gering und gibt dem Thermalwasser einen milden Geschmack. Bevor sich der Kurbetrieb entwickelte, nutzten zu Anfang des 17. Jahrhunderts die Müller die Quellen auf ihre Weise. Da der ›Warme Bach‹ nicht gefror, konnten die Wassermühlen auch während des Winters mahlen. Für lange Zeit blieben die Mühlen die einzigen Gebäude im Tal. Zwar wusste man um die Heilkraft des Wassers, aber es brauchte seine Zeit, bis der Badebetrieb im Grenzgebiet der drei selbstständigen Länder Hessen-Kassel, Kurmainz und Nassau in Gang kam. Die Quellen gehörten zum Besitz des Landgrafen Karl zu Hessen-Kassel, der 1694 ein Badehaus mit vier Bädern und einer Schwitzstube sowie ein Gästehaus mit 14 Zimmern bauen ließ. Die Kurmainzer wollten nicht zurückstehen. Obwohl sie über kein Thermalwasser verfügten, errichteten sie auf eigenem Gebiet ein Hotelgebäude. Vielleicht ist es der Konkurrenz der Herrschaftshäuser geschuldet, dass sich Schlangenbad zum feudalen Erholungsort des 18. Jahrhunderts herausputzte. Der Charme früherer Größe liegt über dem Städtchen, auch wenn die gekrönten Häupter ausbleiben. Inzwischen besinnt man sich vor allem auf die Heilkräfte der Natur. Wie während der ›Schlangenbader Kräutertage‹ im Juni, wenn die Kräuterküche im gastronomischen Rampenlicht steht und Führungen ins Grüne die Vielfalt der Kräuter erfahren lassen.

> **Tipp**
>
> In der **AESKULAP THERME** entspannen bei angenehmer Wärme (Wasser 31 °C, Luft 33 °C, Rheingauer Straße 18, Tel. 06129/4858). Im Sommer erfrischt das Thermalfreibad (mit Sauna, Nassauer Allee 1, Tel. 06129/2064).

DIE SCHLANGENBADER SIND STOLZ AUF IHR WAPPENTIER, DIE ÄSKULAPNATTER.

MOORBAD

KURVERWALTUNG

BAD SCHWALBACH

STAATSBAD

MOORBADEHAUS

**STAATSBAD BAD SCHWALBACH GMBH /// ADOLFSTRASSE 38 ///
65307 BAD SCHWALBACH /// 0 61 24 / 50 01 60 ///
WWW.BAD-SCHWALBACH.DE ///**

Wer sich wie Cleopatra in Bad Schwalbach verwöhnen lassen möchte, den trifft die Qual der Wahl zwischen Ziegenmilchvollbad und Moorpackungen, dem Kohlensäure-Mineralbad oder einem der übrigen Wellnessangebote. Danach vielleicht eine Honigmassage? Seit über 400 Jahren kommen Erholungssuchende in die Heil- und Kurstadt. Auch Kaiserin Elisabeth, genannt Sissi, gehörte zu den Gästen. Ob sie wie Cleopatra in Milch badete, ist allerdings nicht überliefert.

BADEN UND ENTSPANNEN WIE CLEOPATRA

Bis heute erinnert der Elisabethtempel auf der Bergkuppe Busemach an die österreichische Kaiserin. Sie stiftete den Aussichtspavillon anlässlich ihres Aufenthalts in Langenschwalbach – wie die Stadt bis 1927 hieß. Bereits im Mittelalter war das Heilwasser höchst begehrt. Weil der beschwerliche Weg zu den abgelegenen Taunusquellen die Reisenden abhielt, füllten die Schwalbacher das Wasser in Fässer und trieben in ganz Europa damit Handel. Je besser die Straßen wurden, desto mehr Gäste fanden den Weg ins damalige Langenschwalbach. Als mit der 1889 in Betrieb genommenen Aartalbahn das Städtchen an das Schienennetz angeschlossen wurde, blühte der Kurbetrieb richtig auf. Zu Zeiten Kaiserin Elisabeths musste man noch mit der Kutsche anreisen. Sissi, die bekannt dafür war, stundenlange Wanderungen in flottem Tempo zu unternehmen, wird die waldreiche Umgebung gefallen haben. Der Naturnähe der Stadt gebührt – neben dem Kur- und Badebetrieb – bis heute ein hoher

Tipp

Neben Informationen zur Stadtgeschichte und Sonderausstellungen zeigt das Museum die Einrichtung der **ÄLTESTEN APOTHEKE IM TAUNUS**, der 1642 gegründeten Adler-Apotheke (www.museum-bad-schwalbach.de).

SCHMECKT DAS WASSER DES WEINBRUNNENS WIRKLICH NACH WEIN? NEHMEN SIE EINE KOSTPROBE.

Stellenwert. Der Kurpark ist Ausgangspunkt für Spaziergänge und Rundwanderungen, die sich auf 80 Kilometer summieren. Eine Bad Schwalbacher Besonderheit ist der Kneipp-Barfußpfad, der auf 750 Metern über Waldboden, Kies, Splitt und Sand durch den Kurpark führt. Wer aus erster Hand etwas über die Wirkung der Heilkräuter erfahren möchte, hat dazu die Gelegenheit auf den Heilpflanzenwanderungen durch den Kurpark, die von einer Ethnobiologin geleitet werden. Wissenswertes über die Stadt selbst bietet eine Führung zu den historischen Gebäuden, die bereits während Sissis Aufenthalten zum Stadtbild gehörten.

Wo einst römische Legionäre das Kastell Zugmantel erbauten, kommt sie als unscheinbare Quelle ans Licht. Die Aar schlängelt sich durch Wiesentäler und Schluchten, passiert abgelegene Wälder und Felswände, bis sie sich bei Limburg mit der Lahn verbündet. Begleitet wird der plätschernde Flusslauf von den Schienen der Aartalbahn, heute eine Museumsbahn, dem Aartal-Radweg und der B 54. Dort schweigen einmal im Jahr die Motoren. Dann gehört das waldreiche Aartal allein den Radfahrern, Skatern und Fußgängern.

RADLERSPASS AM WASSERLAUF

Die Aufforderung ›Fahr zur Aar‹ lockt jedes Jahr an einem Sonntag im Mai Sport- und Freizeitradler aller Altersstufen auf das 39 Kilometer lange Teilstück der Bundesstraße zwischen dem hessischen Taunusstein-Bleidenstadt und der zu Rheinland-Pfalz gehörenden Stadt Diez. Ungestört vom motorisierten Verkehr darf man die breite Aarstraße einen Tag lang nach Herzenslust zum Radfahren und Skaten nutzen. Dabei kommt die Erholung nicht zu kurz. An zahlreichen Ständen entlang der Strecke werden Stärkungen und Getränke gereicht. Die anliegenden Ortschaften bieten ein vielseitiges Programm vom Kindervergnügen bis zu Live-Konzerten. Mehrere Erste-Hilfe-Stationen stehen für den Notfall bereit. Ab 10 Uhr morgens ist die Straße freigegeben. Wer zu weit entfernt wohnt, um mit eigener Muskelkraft anzureisen, stellt seinen Wagen auf einem Parkplatz entlang der Stecke ab und steigt dort auf zwei Räder um – in gespannter Erwartung, welche Erlebnisse das Aartal aufzubieten hat. Die sportlichen Radler starten eilig durch, während es die Eltern mit kleinen Kindern geruhsam angehen lassen. Die Steigungen bleiben moderat, sodass genügend Muße bleibt, sich unterwegs im Aartal umzusehen. Der Wald begleitet uns über den Großteil der Fahrtzeit, und zwischen Adolfseck und Michelbach drängen sich die Hänge von beiden Seiten nah und steil heran. Wer den Trubel des Veranstaltungstages scheut, kann das Aartal das Jahr über auf dem Aartal-Radweg erleben, der hauptsächlich auf Rad- und Feldwegen entlangführt. Die ruhige Schönheit des Tals lässt sich auf beiderlei Arten genießen.

> **Tipp**
>
> Der **AARTAL-RADWEG** lässt sich über weite Strecken bequem befahren. Mehr Muskelkraft erfordert der Abschnitt zwischen Michelbach und Hohenstein. Danach wird's auf dem Weg nach Bleidenstadt richtig sportlich!

> ›**FAHR ZUR AAR**‹ **IST EINE GEMEINSAME VERANSTALTUNG DER GEMEINDEN ENTLANG DER STRECKE.**

GEMEINDE HOHENSTEIN /// SCHWALBACHER STRASSE 1 ///
65329 HOHENSTEIN /// 0 61 20 / 29 41 /// WWW.LIMES-IN-HOHENSTEIN.DE ///

Spektakuläre Ausblicke oder ausgefeilte Attraktionen erwarten den Wanderer nicht, der den Wagen stehen lässt und die Wanderschuhe schnürt, um das UNESCO-Welterbe Limes ein Stück zu begleiten. Über Wiesenwege und naturbelassene Waldwege geht es voran. Eine Wegstrecke wie die Landschaft: geruhsam, bodenständig und mit einer Schönheit bedacht, die auf den zweiten Blick berührt.

AUF FRIEDLICHEN PFADEN

›Da Kriege im Geist der Menschen entstehen, muss auch der Frieden im Geist der Menschen verankert werden.‹ Unmittelbar nach Ende des Zweiten Weltkriegs ein ehrgeiziges Ziel, das sich jene 37 Staaten setzten, die der Verfassung der UNESCO am 16. November 1945 in London mit ihrer Unterzeichnung zustimmten. Inzwischen zählt die Sonderorganisation der Vereinten Nationen mit Sitz in Paris 193 Mitgliedstaaten.

Auch Deutschland hat sich der Organisation in der Erkenntnis angeschlossen, dass der Frieden nur bewahrt werden kann, wenn sich die Staaten untereinander austauschen, vor allem hinsichtlich Bildung, Wissenschaft und Kultur. UNESCO-Welterbestätten zählen zu den besonders schützenswerten Kulturdenkmälern. Im Jahr 2005

> **Tipp**
>
> Die Tour lässt sich gut mit einem Besuch des kleinen Regionalmuseums im **HOFGUT GEORGENTHAL IN HOHENSTEIN** (www.hofgut-georgenthal.de) oder der Burg Hohenstein (Seite 175) verbinden. Beide Orte verfügen über ein Restaurant.

hat der Obergermanisch-Rätische Limes in diese erlauchte Riege Aufnahme gefunden. Ein guter Grund also, ein – gemessen an der gesamten

DER BESTENS AUSGEWIESENE LEHRPFAD FÜHRT ÜBER NATURBELASSENE WEGE. FESTE SCHUHE MITBRINGEN!

Länge von 550 Kilometern – bescheidenes Teilstück des ehemaligen Grenzwalls kennenzulernen. Der Limesrundweg Hohenstein beginnt auf dem Parkplatz ›Sechsarmiger Stock‹ (inmitten des Waldstücks an der Straße zwischen den Hohensteiner Ortsteilen Born und Breithardt). Bei nassem Wetter empfehlen sich robuste Schuhe. Asphalt- und Schotterwege machen sich auf der 5 Kilometer langen Strecke erfreulich rar. Überhaupt, Wald und Wiesen stehen an erster Stelle. Die lesenswerten Tafeln drängen sich nicht in den Vordergrund. Überwiegend friedlich, so erfahren wir, ging es an den Grenzübergängen zu. Die Germanen lernten von den Römern und umgekehrt. Ein kultureller Austausch, ganz im Sinne der UNESCO.

GEMEINDE HOHENSTEIN /// SCHWALBACHER STRASSE 1 ///
65329 HOHENSTEIN /// 0 61 20 / 29 41 /// WWW.HOHENSTEIN-HESSEN.DE ///

Ein Fuchs schnürt in Sichtweite über den Waldweg, verharrt für einen Augenblick und huscht ins Unterholz. Gleich darauf lenken helle Vogelschreie unsere Blicke nach oben, wo zwei große Schatten zwischen den buschigen Baumkronen hindurchstreichen. Ein Habichtspaar? Seltene Begegnungen auf einer kurzen und informativen Wanderstrecke abseits bekannterer Wege. Dass es zum Lehrpfad ›Hennethaler Landwehr‹ kam, ist einem glücklichen Zufall zu verdanken.

ZU GAST BEI FUCHS UND HABICHT

Eine Forschungsarbeit führte zwei Wissenschaftler des Geographischen Instituts der Johannes Gutenberg-Universität Mainz im Jahr 2003 in das abgelegene Waldstück. »Für meine Dissertation waren wir auf der Suche nach Erosionsschluchten«, erzählt Dr. Christian Stolz. »Dabei fielen uns ungewöhnliche Bodenerhebungen auf.« Sein Begleiter Prof. Dr. Helmut Hildebrandt, der sich als Geograph mit Relikten der Vergangenheit auskannte, ahnte sofort, dass es sich dabei um eine historische Landwehr handeln könnte. Allerdings war eine solche Grenzbefestigung in diesem Gebiet unbekannt. Oder in Vergessenheit geraten? Christian Stolz ging der Frage nach. »Eine Katasterkarte von 1790 aus Hennethal bestätigte Prof. Hildebrandts Vermutung. Dort ist ein Landgraben eingezeichnet.« Inzwischen gehen die Wissenschaftler davon aus, dass das 325 Meter lange Wallgraben-System aus dem Spätmittelalter stammt und zur Kontrolle der historischen Limburger Straße errichtet wurde. Wo heute der Lehrpfad verläuft, gab es vermutlich einen Schlagbaum, an dem Zoll kassiert wurde. Die Schautafeln geben Auskunft über den Schieferbergbau, die Köhlerei und darüber, woran man eine spätmittelalterliche Straße erkennt. Ein Abstecher führt vorbei an durch Erosion entstandene Ackerterrassen, die sich bis auf den Dreißigjährigen Krieg datieren lassen; ein weiteres Projekt von Dr. Christian Stolz. Ein rekonstruierter Brunnen erinnert an den 1887 aufgegebenen Rahnstätter Hof. Nach dem lehrreichen anderthalbstündigen Spaziergang überlassen wir das Waldstück wieder dem Fuchs und seinen gefiederten Jagdkonkurrenten.

> **Tipp**
>
> Ausgangspunkt ist die Wiese an der Kreuzung Kettenbach, Daisbach und Hennethal (Landesstraße 30/31). Der Rundweg ist ca. zwei Kilometer lang. Ein Abstecher (ca. 30 Minuten) informiert über den aufgegebenen **RAHNSTÄTTER HOF**.

> **GERUHSAMES WANDERN AUF NATURBELASSENEN WEGEN, GEEIGNETES SCHUHWERK VORAUSGESETZT.**

Hoch über dem Aartal thront sie, die Ruine der Burg Hohenstein, und lässt den Betrachter die einstige Bedeutung erahnen. In den mittelalterlichen Spektakeln lebt die vergangene Epoche wieder auf. Wenn sich Gaukler, Rittersleut und Wahrsagerinnen unter das moderne Volk mischen. Oder die Walpurgisnacht zur Nacht der Hexen wird. Wem solches Treiben zu turbulent ist, dem bietet sich die Theatervorstellung im Innenhof an. Im Sommer, unter freiem Himmel. Warum nicht ›Romeo und Julia‹? Die Burg hat ein Herz für Liebespaare.

HEIRATEN WIE EIN BURGFRÄULEIN

Die Gemeinde Hohenstein, ein Zusammenschluss von sieben ehemals eigenständigen Dörfern, verdankt ihren Namen der imposanten Burgruine, und der Ortsteil Burg-Hohenstein rückt bis an die Grundmauern heran. Erbaut wurde die Burg in der Zeit um 1190 von den Grafen von Katzenelnbogen, die sich damit gegen die Grafen von Nassau verteidigen wollten. Für beinahe 300 Jahre behielten sie die Burg in ihrem Besitz, bis es im Jahr 1479 keinen männlichen Nachkommen gab, der das Erbe hätte fortführen können, und die Burg über eine Heirat mitsamt der Grafschaft Katzenelnbogen an

Lust aufs Kochen? **KOCHKURSE AUF DER BURG** und beim Küchenchef persönlich: Hotel und Restaurant Waffenschmiede, Burgstraße 12, 65329 Hohenstein, Tel. 06120/ 5222, www.burghohenstein-hessen.de.

Tipp

Hessen gelangte. 1647, im vorletzten Jahr des verheerenden Dreißigjährigen Krieges, geriet die Burg in Brand und wurde schwer beschädigt. Die Gemäuer waren in den folgenden Jahrhunderten dem Verfall preisgegeben. Erst 1968 – inzwischen im Besitz des Landes Hessen – erwachte die Burg aus ihrem Dornröschenschlaf. Der Anbau eines Hotels und Restaurants, die Burgspiele der

DEN AUFSTIEG ZUM BERGFRIED BELOHNT DER BLICK ÜBER DAS AARTAL. EINE SPENDE STATT EINTRITT DIENT DEN PFLEGEMASSNAHMEN.

Taunusbühne Bad Schwalbach und weitere attraktive Veranstaltungen sorgen heute für Betriebsamkeit zwischen den 800 Jahre alten Mauern.

Und was hat es mit den Liebespaaren auf sich? Die Gemeinde Hohenstein bezeichnet sich als ›Hochzeitsgemeinde‹ und verfügt über mehrere romantische Plätze für das Ja-Wort: In den Kirchen, im Trauzimmer der ehemaligen Breithardter Schule oder im Gartenpavillon des Hofguts Georgenthal. Und es gibt das romantische Trauzimmer in der Burgruine.

NATURPARK RHEIN-TAUNUS (GESCHÄFTSSTELLE) /// VEITENMÜHLWEG 5 ///
65510 IDSTEIN /// 0 61 26 / 43 79 /// WWW.NATURPARK-RHEIN-TAUNUS.DE ///

Wo nun ein dichter Wald steht, lag einst das Lager einer römischen Kohorte. Der Turm des Kastells Zugmantel, eine Rekonstruktion von 1970, und die spitzen hölzernen Palisaden
wecken die Fantasie. Beflügelt wird die Vorstellungskraft von
den Schautafeln des archäologischen Lehrpfads. Der flache
Erdwall dort drüben: Das Überbleibsel der Befestigungsanlage.
Die unscheinbare Senke hier: Das war einmal ein Amphitheater. Mit einem Mal sehen wir das Gelände mit anderen Augen.

RÖMISCHE SPUREN

Die ›Hühnerstraße‹ (B 417) kreuzt den Obergermanischen Limes in Höhe
des Kastells Zugmantel und bringt uns zum Ausgangspunkt des Archäologischen Lehrpfads. Vom Naturpark-Parkplatz (gegenüber der zweiten
Abzweigung nach Taunusstein-Orlen) führt ein schmales Tor zur ersten
Station des Lehrpfads. Vor fast 2000 Jahren bauten römische Hilfstrup-
pen die ersten Befestigungsanlagen,
die sich auf einer Länge von ca. 34,5
Kilometer durch den Rheingau-
Taunus-Kreis ziehen. Die frühen
Anlagen am Zugmantel bestanden
aus Holz und Erdwällen (um 90
n. Chr.). Um das Jahr 223 n. Chr.
hatte man das Steinkastell fertiggestellt. Was für ein buntes Treiben

> Als Ergänzung bietet sich das
> kleine Regionalmuseum ›**LIMES IM**
> **HOFGUT**‹ im Hofgut Georgenthal
> in Hohenstein an (www.hofgut-
> georgenthal.de). Ein weiterer
> Wachturm steht in Idstein-Das-
> bach.

muss sich über 150 Jahre an diesem Ort abgespielt haben! Obwohl ein vergleichsweise kleines Kastell, gab es, zusätzlich zu den Unterkünften der
Soldaten, mehrere Heiligtümer und, was niemals fehlen durfte, ein Bad

**2005 WURDE DER OBERGERMA-
NISCH-RÄTISCHE LIMES IN DIE
LISTE DER UNESCO-WELTERBE-
STÄTTEN AUFGENOMMEN.**

bei der Aarquelle. Eine Besonderheit
dieses Kastells sind gleich zwei kleine
Amphitheater. Man trieb Handel mit
der heimischen Bevölkerung – und
begrub beim Kastell die Verstorbenen,
wie die Gräberfunde zeigen. 11 Informationstafeln auf einer Strecke von
2,5 Kilometern bringen uns das römische Leben an der Grenze zum damaligen Germanien näher. Weil die hübschen Wegmarkierungen offenbar
zum Mitnehmen reizen, braucht man für die Wegfindung gelegentlich ein
römisches Späherauge. Das Glanzstück des Lehrpfads ist der rekonstruierte Römerturm. 1970 war der Kenntnisstand ein anderer als heute, und
so spiegelt der Turm mit dem unverputzten Mauerwerk die Entwicklung
der archäologischen Forschungen wider.

Am König-Adolf-Platz im Straßencafé sitzen, im Sonnenschein einen Eisbecher schlemmen und den Blick über ringsherum herausgeputzte Fachwerkhäuser schweifen lassen: Zu diesen und anderen Vergnügungen lädt das Fachwerkstädtchen Idstein ein. Mit ihren restaurierten Baudenkmälern erscheint Idstein, die ehemalige Nassauer Residenz, heute als wahre Wohlfühlstadt. Wobei nicht verschwiegen werden soll, dass es auch schlimme Zeiten in der ›Hexenstadt‹ gegeben hat.

FACHWERK IST KEIN HEXENWERK

Er ist ein redlicher Landesherr: protestantisch, pflichtbewusst und von dem eisernen Willen getrieben, Schaden von seinen Untertanen abzuwenden. Graf Johannes, dessen Wort im Lande Gesetz ist, hat sich der Vernichtung der Hexerei verschrieben. Einmal in Gang gesetzt, produziert die unbarmherzige Maschinerie der Gerichtsbarkeit immer neue Verdächtige: Idsteiner Bürger, deren Namen unter der Folter genannt werden. Mit dem traurigen Rekord, dass in der Zeit vom Februar 1676 bis Ende März 1677 in Idstein 31 Frauen und 8 Männer nach ›peinlichen Verhören‹ hingerichtet werden. Andere Bürger werden aus der Stadt gejagt, verlieren Heimat und Auskommen. Heutzutage wird der Besucher in jedem Winkel an die ›verhexte‹ Vergangenheit erinnert. Es gibt den Hexen-Buchladen, die Hexen-Apotheke und den Hexenturm,

> **Tipp**
>
> Eine Stadtführung bringt uns die 900-jährige Geschichte Idsteins näher. Die ›GARTENWEIBER‹ Hambächerin und Göbelin tratschen über das Neuste aus der Zeit um 1700, und eine Korbmacherin gibt Kindern einen Einblick ins mittelalterliche Leben.

Idsteins Wahrzeichen, das viel älter ist als die Hexenverfolgungen und nicht darin verwickelt war. Alle zwei Jahre leben mit dem Hexenmarkt mittelalter-

DER SCHLÜSSEL ZUM HEXEN-TURM KANN BEI DER TOURIST-INFO AUSGELIEHEN WERDEN.

liche Zeiten auf. Auch wer es ruhiger liebt, kommt in jedem Fall auf seine Kosten. Und schlendert, wenn der Eisbecher geleert ist, durch die Altstadtgassen und vielleicht hinauf zum Höerhof, der aus dem Jahr 1620 stammt und ein Hotel und Restaurant beherbergt. Außerdem empfiehlt sich ein Besuch des sehenswerten Museums im Killingerhaus. Wenige Schritte weiter führen die Treppen zum historischen Rathaus hinauf, und das Kanzleitor weist den Weg zum Residenzschloss. Wie es wohl den Gymnasiasten gefällt, in diesem herrschaftlichen Gebäude die Schulbank zu drücken?

VERKEHRSVEREIN IDSTEIN E.V. /// RATHAUS /// 65510 IDSTEIN ///
0 61 26 / 7 86 14 /// WWW.IDSTEIN-JAZZFESTIVAL.DE ///

Musikliebhabern – allen voran den Freunden des Jazz – ist die ›Hexenstadt‹ im Taunus seit mehr als 20 Jahren vor allem aus einem Grund ein Begriff: Als Schauplatz des ›Idstein JazzFestival‹. Für drei Tage im Jahr wird die historische Altstadt vom Jazz und allen seinen Stilrichtungen in Anspruch genommen. Auch wer sich nicht zu den Musikspezialisten zählt, wird sein Vergnügen darin finden. Und sich gemächlich durch die Gassen treiben lassen. Von Bühne zu Bühne. Zum Zuhören, Zuschauen und Staunen.

TAUNUSSTADT DER TAUSEND TÖNE

Neben der Frankfurter ›Konkurrenz‹ gilt das Idsteiner Festival als eine der großen hessischen Jazzveranstaltungen. Kein Wunder bei 12 Bühnen, auf denen an die 60 Bands auftreten und die Stadt mit musikalischen Klängen erfüllen. Aus welcher Richtung der Besucher auch kommt: Beim Betreten der Altstadt gilt es, den Eintritt zu entrichten. Danach darf man eintauchen in das Getümmel begeisterter Musikgenießer. Ob man sich zuvor über das Programm kundig gemacht hat und eine bestimmte Bühne angesteuert oder sich einfach vom Menschenstrom mitnehmen lässt, um dort stehen zu

> **Tipp**
>
> **STRESSFREI ANREISEN** mit Bus und Bahn: Idstein ist gut in das Verkehrsnetz eingebunden. Dazu werden Zusatzbusse für das Umland und S-Bahn-Sonderzüge nach Frankfurt eingesetzt (Info unter www.rmv.de).

bleiben und zu lauschen, wo es gefällt: Bei dem reichhaltigen Angebot haben beide Strategien etwas für sich. Neben eingefleischten Jazzkennern kommen zahllose Laien in die Stadt, um sich überraschen zu lassen. Geboten wird Musik der Extraklasse für jeden Geschmack, ob Retro-Jazz, Swing, World oder Latin, Real Jazz, Groove oder Blue Note, wie die Programmpunkte vergangener

EIN TERMIN, DEN SICH JAZZFREUNDE FÜR IDSTEIN VORMERKEN: DAS ERSTE WOCHENENDE DER HESSISCHEN SOMMERFERIEN.

Festivals hießen. Freitagabends geht es los. Das Fest setzt sich ab Samstagnachmittag bis in die Nacht fort und dauert am letzten Tag, dem Sonntag, vom späten Vormittag bis in den Abend. Und die Bewohner der Altstadt? Von denen wird eine gehörige Menge Langmut und Musikbegeisterung eingefordert. Den meisten wird es Spaß machen, trotz der Einschränkungen, die ein solches Spektakel mit sich bringt. Und ein wenig Stolz auf die kleine Stadt mit dem großen Herzen für Musik sei gern erlaubt.

Wissen Sie noch, was am Abend des 29. November 1997 geschah? Viele Bewohner des Taunus werden nichts mit dem Datum verbinden. An das Ereignis selbst wird sich so mancher erinnern! Am 29. November 1997 bebte im Taunus die Erde. Mit einer Stärke von 4,4 auf der Richterskala gab es einen kräftigen Rumpler. Die Erschütterungen des Idsteiner Bebens waren in einem Umkreis von 100 Kilometern zu spüren. Diesen und anderen erdgeschichtlichen Ereignissen kann man auf dem Oberjosbacher Geo-Erlebnispfad nachspüren.

VON EISZEITEN, ERDBEBEN UND EROSIONEN

Was die Zahlen der Richterskala bedeuten, erklärt eine Schautafel: Bei ›4‹ klirren Geschirr und Fensterscheiben, und wer schläft, wird unverhofft geweckt. Bei ›5‹ kann es zu leichten Rissen an den Gebäuden kommen. Warum die Erde im Raum Idstein bebte, das erfahren wir im letzten Drittel des Geo-Erlebnispfads bei Oberjosbach. Zuvor haben wir den breiten Forstweg verlassen und auf einem Wanderpfad den ›Hohlen Stein‹ passiert, einen markanten Felsen und den Höhepunkt der 5 Kilometer langen Wanderstrecke. Waldböden und Felsformationen liefern

> Der **GEO-ERLEBNISPFAD** beginnt und endet an der Ecke ›Dr.-Jakob-Wittemann-Straße‹ und ›An der Eiche‹ in Niedernhausen-Oberjosbach, unmittelbar am Waldrand.
>
> **Tipp**

dem geschulten Auge des Geologen eine Fülle von Informationen, die dem ›einfachen‹ Wanderer in der Regel so unzugänglich bleiben wie ein Buch mit sieben Siegeln. Das eine oder andere Siegel aufzubrechen, haben sich die Macher des Geo-Erlebnispfads in Oberjosbach vorgenommen.

DIE AUSGESCHILDERTE STRECKE VERLÄUFT WEITGEHEND AUF BEFESTIGTEN FORSTWEGEN. AM ›HOHLEN STEIN‹ ENTLANG FÜHRT EIN PFAD.

460 Millionen Jahre Erdgeschichte präsentieren sich auf fünf Kilometern. Aber auch andere Themen werden aufgegriffen. So erfahren wir, dass die Menschen früher auf Holzkohle angewiesen waren und der immense Holzverbrauch zum Ende des 18. Jahrhunderts beinahe in eine Energiekrise geführt hätte. Mit neuem Wissen versorgt, nehmen wir den Wald auf eine vielfältigere Weise wahr. Genügend Zeit und Ausdauer vorausgesetzt – gefordert von Augen und Füßen. Die Beine dürfen sich ausruhen, wenn wir einen Kreis aus Felsbrocken verschiedener Gesteinsarten erreichen und für eine Weile sitzen bleiben. Und vielleicht mit geschlossenen Augen lauschen. Der Wald hat auch den Ohren eine Menge zu bieten.

Eibinger Zehnthof, Eibinger Ober-
straße 15, 65385 Rüdesheim-
Eibingen, Seite 144

frauen museum wiesbaden, Wörthstraße 5, 65185 Wiesbaden,
Seite 38

Fürst von Metternich Winne-
burg'sche Domäne, Schloss
Johannisberg GbR, Schloss
Johannisberg, 65366 Geisen-
heim-Johannisberg, Seite 124

Henkell & Co. Sektkellerei KG,
Biebricher Allee 142, 65187
Wiesbaden, Seite 42

Mattiaqua, Eigenbetrieb für Quel-
len, Bäder, Freizeit, Gustav-
Stresemann-Ring 15, 65189
Wiesbaden, Seite 32 (Kaster),
Seite 70 (Schlote)

Maximilianshof, Rheinallee 2,
65346 Erbach/Rheingau, Seite
106

Rheingau Lama & Alpakas, Untere
Kisselmühle 1, 65346 Eltville,
Seite 102

Rheingau Musik Festival Konzertgesellschaft mbH, Rheinallee 1,
65375 Oestrich-Winkel ,
Seite 110 (Schulze)

Rheingauer Weinmuseum
Brömserburg, Rheinstraße 2,
65385 Rüdesheim am Rhein,
Seite 134

Schloss Freudenberg, Freudenberg-
straße, 65201 Wiesbaden-
Dotzheim, Seite 52

Schloss Vollrads GmbH & Co.
Besitz KG, Vollradser Allee,
65375 Oestrich-Winkel, Seite 118

Stiftung Kloster Eberbach,
65346 Eltville im Rheingau,
Seite 100 (Palmen)

Wein- & Sektgut F.B. Schönleber,
Obere Roppelsgasse 1, 65375
Oestrich-Winkel, Seite 116

Weingut Georg Müller Stiftung,
Eberbacher Straße 7-9, 65347
Eltville-Hattenheim, Seite 112

Weingut im Weinegg, Kirchstraße
38, 65239 Hochheim, Seite 88

Weingut Rößler, Rheinstraße 20,
65391 Lorch, Seite 152

Weingut Schloss Reinhartshausen,
Hauptstraße 41, 65346 Eltville-
Erbach, Seite 104

Weingut Trenz, Schulstraße 1,
65366 Johannisberg, Seite126

Weitblick Naturerlebnis GmbH,
Gutleuthof, 55545 Bad
Kreuznach, Seite 68

Alle übrigen Fotos von der Autorin.

Autor und Verlag haben alle Informationen mit größtmöglicher Sorg-
falt geprüft. Gleichwohl sind Fehler nicht vollständig auszuschließen.
Alle Angaben erfolgen ohne Gewähr. Bitte schreiben Sie uns! Über Ihre
Rückmeldung zum Buch und über Verbesserungsvorschläge freuen sich
Autor und Verlag: lieblingsplaetze@gmeiner-verlag.de

Lieblingsplätze entdecken

6 × 66 Orte, die einen Besuch wert sind

Zwischen Nord- und
Ostsee · Reinhard Pelte
ISBN 978-3-8392-1160-1

In und um Lübeck ·
Dieter Bührig
ISBN 978-3-8392-1154-0

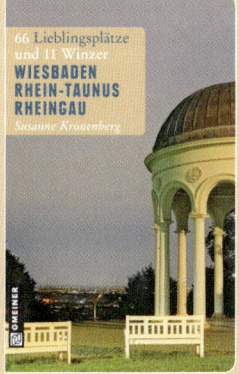

Wiesbaden/Rheingau ·
Susanne Kronenberg
ISBN 978-3-8392-1157-1

Schwäbische Alb ·
Notburg Geibel
ISBN 978-3-8392-1155-7

Schwarzwald · Edi Graf
ISBN 978-3-8392-1156-4

Bodensee · Erich Schütz
ISBN 978-3-8392-1166-3

Regional- und Stadtführer mit individuellen Tipps, die liebevoll ausgestattet
Lust aufs Verreisen und auf mehr machen. In essayistischen Erzählungen
und ganz persönlichen Ortsporträts. Garantiert schon bald auch Ihre
Lieblingsplätze!